भारत के वॉरेन बफे
राकेश झुनझुनवाला

भारत के वॉरेन बफे
राकेश झुनझुनवाला

महेश दत्त शर्मा

प्रकाशक

प्रभात प्रकाशन प्रा. लि.

4/19 आसफ अली रोड, नई दिल्ली-110002

फोन : 011-23289777 • हेल्पलाइन नं. : 7827007777

इ-मेल : prabhatbooks@gmail.com ❖ वेब ठिकाना : www.prabhatbooks.com

संस्करण

2025

पेपरबैक मूल्य

तीन सौ रुपए

मुद्रक

आर-टेक ऑफसेट प्रिंटर्स, दिल्ली

———— ★ ————

Bharat ke Warren Buffett RAKESH JHUNJHUNWALA

by Shri Mahesh Dutt Sharma

Published by **PRABHAT PRAKASHAN PVT. LTD.**

4/19 Asaf Ali Road, New Delhi-110002

ISBN 978-93-5521-278-8

₹ 300.00 (PB)

अपनी बात

एक निवेशक और एक भारतीय बिजनेस मैग्नेट राकेश झुनझुनवाला अपनी संपत्ति प्रबंधन फर्म रेयर एंटरप्राइजेज में एक भागीदार के रूप में अपने पोर्टफोलियो का प्रबंधन करते हैं। राकेश झुनझुनवाला को लोकप्रिय रूप से 'भारत के वॉरेन बफे' और 'बुल मार्केट के राजा' के रूप में जाना जाता है।

5 जुलाई, 1960 को जनमे राकेश झुनझुनवाला की कुल संपत्ति लगभग 5.8 अरब डॉलर है, जो कि 590 करोड़ अमेरिकी डॉलर है। राकेश झुनझुनवाला का विवाह रेखा झुनझुनवाला से हुआ है और इस जोड़ी के तीन बच्चे हैं।

राकेश झुनझुनवाला मुंबई में एक राजस्थानी परिवार में पले-बढ़े। उनके पिता आयकर आयुक्त के रूप में कार्यरत थे। 'राकेश' के उपनाम से जाने जानेवाले उनके पूर्वज राजस्थान के झुंझुनूँ के निवासी थे। राकेश ने सिडेनहम कॉलेज से स्नातक की उपाधि प्राप्त की और उनके बाद खुद को भारतीय चार्टर्ड एकाउंटेंट्स संस्थान (आई.सी.ए.आई.) में नामांकित किया।

राकेश झुनझुनवाला जल्द ही अपनी एयरलाइंस कंपनी अकासा एयरलाइंस शुरू करने वाले हैं। जेट एयरवेज के पूर्व सी.ई.ओ. विनय दुबे अकासा एयरलाइंस के सी.ई.ओ. हैं।

राकेश झुनझुनवाला 'हंगामा डिजिटल मीडिया एंटरटेनमेंट प्राइवेट

लिमिटेड' और 'एप्टेक लिमिटेड' के चेयरमैन हैं। राकेश 'जियोजित फाइनेंशियल सर्विसेज', 'प्राज इंडस्ट्रीज लिमिटेड', 'प्रोवोग इंडिया लिमिटेड', 'बिलकेयर लिमिटेड', 'कॉनकॉर्ड बायोटेक लिमिटेड', 'प्राइम फोकस लिमिटेड', 'इनोवासिंथ टेक्नोलॉजीज (आई) लिमिटेड', 'मिड-डे मल्टीमीडिया लिमिटेड', 'नागार्जुन कंस्ट्रक्शन कंपनी लिमिटेड', 'होटल्स लिमिटेड' और 'टॉप्स सिक्योरिटी लिमिटेड' के निदेशक मंडल में शामिल हैं।

वर्ष 2021 तक राकेश झुनझुनवाला का सबसे बड़ा निवेश टाइटन कंपनी में 7,294.8 करोड़ रुपए है, जबकि उनके पास मेट्रो ब्रांड्स, कॉनकॉर्ड बायोटेक और स्टार हेल्थ इंश्योरेंस जैसी निजी तौर पर आयोजित कंपनियों में भी हिस्सेदारी है। राकेश झुनझुनवाला वर्तमान में भारत के अंतरराष्ट्रीय आंदोलनों के संयुक्त राष्ट्र (आई.आई.एम.यू.एन.) के सलाहकार बोर्ड के सदस्य हैं।

प्रस्तुत पुस्तक को शेयर बाजार के निवेशक शेयर निवेश की बाइबल के रूप में ले सकते हैं—एक बेजोड़, पठनीय और संग्रहणीय पुस्तक।

—महेश दत्त शर्मा

अनुक्रम

राकेश झुनझुनवाला : सफलता की कहानी

भारत के शेयर बाजार में कुछ ऐसे निवेशक हैं, जिन्होंने मात्र कुछ हजार रुपए से शुरुआत की थी, लेकिन आज वे भारत के टॉप अमीरों में शामिल हो चुके हैं। इनकी खास बात यह है कि जिस कंपनी में भी ये अपने पैसे निवेश करते हैं, उन कंपनियों के शेयरों में अच्छी कमाई देखी जाती है, यानी अगर इनके निवेश करने के बाद आम निवेशक उस कंपनी में निवेश करता है तो वह भी बेहतर मुनाफा कमा सकता है। आप भी ऐसे लोगों की रणनीति को फॉलो करके लाभ उठा सकते हैं। ऐसे ही एक शख्स हैं 'राकेश झुनझुनवाला', जिन्हें 'भारत का वॉरेन बफे' कहा जाता है।

राकेश झुनझुनवाला भारत के निवेशक एवं शेयर व्यापारी हैं। ये पेशे से चार्टेड अकाउंटेंट हैं और इनकी कंपनी का नाम रेयर इंटरप्राइजेज है। वह एक प्रमुख निवेशक के तौर पर भी जाने जाते हैं। उन्होंने 1985 में 1,200 रुपए से शेयर बाजार में निवेश की शुरुआत की थी। उन्होंने सबसे पहला शेयर 'टाटा टी' का खरीदा था। सन् 1986 में 'टाटा टी' के 5,000 शेयर बेचकर उन्होंने 5 लाख रुपए का मुनाफा कमाया था। आज इसी काम के जरिए उनकी नेटवर्थ 15,600 करोड़ रुपए हो गई है। वे भारत के 53वें सबसे अमीर आदमी हैं।

शेयर बाजार के 'बिग बुल' और 'भारत के वॉरेन बफे' के नाम से प्रसिद्ध राकेश झुनझुनवाला के बारे में कहा जाता है कि वे जिस शेयर में हाथ डालेंगे, वह चढ़ जाएगा।

उनकी टिप्स को भी निवेशक सबसे ऊपर मानते हैं; लेकिन शायद ही किसी को पता हो कि मार्केट में उनका गुरु कौन है। राकेश झुनझुनवाला के अनुसार, अपने गुरु की दी गई शिक्षा की वजह से ही उन्होंने सफलता को छुआ।

उनके अनुसार, जिंदगी में उन्हें कई लोगों का साथ मिला, लेकिन सबसे ऊपर वे अपने पिता को मानते हैं। उनके अनुसार, उनके पहले गुरु उनके पिता हैं।

उनकी टिप्स को भी निवेशक सबसे ऊपर मानते हैं; लेकिन शायद ही किसी को पता हो कि मार्केट में उनका गुरु कौन है। राकेश झुनझुनवाला के अनुसार, अपने गुरु की दी गई शिक्षा की वजह से ही उन्होंने सफलता को छुआ।

राकेश के अनुसार, पिता ने ही उन्हें जीवन-मूल्यों के बारे में समझाया। उनके पिता ने उन्हें बड़े फैसले लेने में उनकी मदद की। उनका मानना था कि बड़े फैसले लेते वक्त हिचकना नहीं चाहिए। पिता के अलावा उनके दूसरे गुरु राधाकिशन दमानी और रमेश दमानी भी रहे हैं। उन्होंने भी कई मौकों पर उनको गाइड किया। राधाकिशन दमानी का नाम भी देश के चंद रईसों में शुमार है। वे एक अरबपति निवेशक और बिजनेसमैन हैं। 'डी-मार्ट' नाम की रिटेल चेन राधाकिशन दमानी की ही है। ब्लूमबर्ग बिलियनेयर इंडेक्स के मुताबिक, वे दुनिया के 176वें सबसे अमीर शख्स हैं। 8 अरब डॉलर की संपत्ति के साथ वे भारत में छठे नंबर पर हैं।

रमेश दमानी बी.ए.सी.ई. के सदस्य हैं। इसके अलावा, उनकी पहचान एक कामयाब निवेशक के तौर पर भी होती है। रमेश दमानी सन् 1989 से शेयर बाजार में काम कर रहे हैं। आपको जानकर हैरानी होगी कि रमेश दमानी ने जब शेयर बाजार में कदम रखा, तब सेंसेक्स 800 के लेवल पर था। वर्ष 1989 के मुकाबले अब यह 55 से 60 गुना चढ़

चुका है। रमेश दमानी को 'दलाल स्ट्रीट का नवाब' भी कहा जाता है।

राकेश झुनझुनवाला के गुरुओं की लिस्ट में एक और नाम शामिल है। ये शख्स हैं—कमल काबरा। कमल भी शेयर बाजार के ही एक निवेशक हैं। इसके अलावा राकेश झुनझुनवाला के बचपन का एक दोस्त, जो कम उम्र में ही दुनिया छोड़कर चला गया। उसका नाम 'राजीव शाह' था। झुनझुनवाला के मुताबिक, हम 5-6 लोग हमेशा सही करने की सोचते थे। हम लोग कामयाबी के पीछे पागल थे, लेकिन कभी उसे आसान नहीं समझा।

राकेश झुनझुनवाला के गुरुओं की लिस्ट में एक और नाम शामिल है। ये शख्स हैं—कमल काबरा। कमल भी शेयर बाजार के ही एक निवेशक हैं। इसके अलावा राकेश झुनझुनवाला के बचपन का एक दोस्त, जो कम उम्र में ही दुनिया छोड़कर चला गया। उसका नाम 'राजीव शाह' था।

सफलता का मंत्र

राकेश झुनझुनवाला के मुताबिक, वर्ष 1988 में उनकी नेटवर्थ 1 करोड़ रुपए थी, जो 1993 में बढ़कर 200 करोड़ रुपए हो गई। राकेश कहते हैं कि इसका मतलब यह बिल्कुल नहीं था कि इस रफ्तार से वर्ष 2000 में उनकी नेटवर्थ 800 करोड़ पहुँच गई, बल्कि 2002 में भी उनकी संपत्ति 250 करोड़ रुपए ही रही। उनके मुताबिक, वे अपने पोर्टफोलियो का प्राय: 5 फीसदी डेब्ट इंस्ट्रूमेंट्स में लगाते हैं। उनके मुताबिक, सितंबर 2001 से सितंबर 2003 के बीच उन्होंने अपने पोर्टफोलियो का 40 फीसदी हिस्सा डेब्ट इंस्ट्रूमेंट्स में लगाया।

झुनझुनवाला ने अपनी शुरुआती पढ़ाई मुंबई से पूरी की। उन्होंने अपनी स्नातक डिग्री सिडनीहैम कॉलेज, मुंबई से प्राप्त की। वह एक फिल्म निर्माता भी हैं। वे 'एपटेक' और 'हंगामा डिजिटल मीडिया एंटरटेनमेंट' के चेयरमैन हैं।

श्रीदेवी की एक फिल्म में पैसे लगाकर शेयर निवेशक राकेश झुनझुनवाला ने सात गुना कमाई की थी। श्रीदेवी की फिल्म में राकेश झुनझुनवाला और कुछ अन्य निवेशकों ने 11 करोड़ रुपए लगाए थे और फिल्म ने करीब 78 करोड़ रुपए का कारोबार किया था।

आमतौर पर शेयरों में अपने पैसों का निवेश करने के लिए मशहूर निवेशक राकेश झुनझुनवाला ने श्रीदेवी की फिल्म 'इंग्लिश विंग्लिश' में पैसे लगाए थे। उन्हें पहले ही हफ्ते में मोटा मुनाफा भी हुआ था। आपको यह जानकर आश्चर्य होगा कि सिर्फ 11 करोड़ की लागत से बनी फिल्म की बॉक्स ऑफिस कमाई 78 करोड़ रुपए रही, यानी फिल्म ने अपने निवेश पर 7 गुना से ज्यादा का रिटर्न दिया था। 133 मिनट की इस फिल्म में आर.के. दमानी और सुनील लुल्ला जैसे उद्योगपतियों के भी पैसे लगे थे। इस फिल्म को निर्देशित किया था गौरी शिंदे ने।

बताते चलें कि राकेश झुनझुनवाला ने 'इंग्लिश विंग्लिश' के अलावा वर्ष 2016 में 'की ऐंड का' और 2015 में 'शमिताभ' में भी पैसे लगाए थे। 'की ऐंड का' का बजट 20 करोड़ रुपए का था। इसने 100 करोड़ रुपए की कमाई की थी।

बताते चलें कि राकेश झुनझुनवाला ने 'इंग्लिश विंग्लिश' के अलावा वर्ष 2016 में 'की ऐंड का' और 2015 में 'शमिताभ' में भी पैसे लगाए थे। 'की ऐंड का' का बजट 20 करोड़ रुपए का था। इसने 100 करोड़ रुपए की कमाई की थी।

राकेश झुनझुनवाला ने करीब 30 शेयरों में निवेश किया है। उनके निवेश की वैल्यू करीब 15,000 से 16,000 करोड़ रुपए है। उन्होंने फाइनेंशियल सेक्टर में बहुत कम निवेश किया है।

फेडरल बैंक में राकेश झुनझुनवाला की 3.08 प्रतिशत हिस्सेदारी है। उनकी हिस्सेदारी की वैल्यू 320 करोड़ रुपए है। आज की तिथि तक

इसमें 40 प्रतिशत का निगेटिव रिटर्न मिला है, जबकि 1 साल में 52 प्रतिशत का रिटर्न मिला है।

एम.सी.एक्स. में राकेश झुनझुनवाला की 3.92 प्रतिशत हिस्सेदारी है। उनकी हिस्सेदारी की वैल्यू 260 करोड़ रुपए है। आज की तिथि तक इसमें 11 प्रतिशत का रिटर्न मिला है, जबकि 1 साल में 51 प्रतिशत का रिटर्न मिला है।

एन.सी.सी. में राकेश झुनझुनवाला की 10.22 प्रतिशत हिस्सेदारी है। उनकी हिस्सेदारी की वैल्यू 190 करोड़ रुपए है। आज की तिथि तक इसमें 45 प्रतिशत का निगेटिव रिटर्न मिला है, जबकि 1 साल में 68 प्रतिशत का रिटर्न मिला है।

एन.सी.सी. में राकेश झुनझुनवाला की 10.22 प्रतिशत हिस्सेदारी है। उनकी हिस्सेदारी की वैल्यू 190 करोड़ रुपए है। आज की तिथि तक इसमें 45 प्रतिशत का निगेटिव रिटर्न मिला है, जबकि 1 साल में 68 प्रतिशत का रिटर्न मिला है।

टाइटन कंपनी में राकेश झुनझुनवाला की 5.53 प्रतिशत हिस्सेदारी है। उनकी हिस्सेदारी की वैल्यू 4,900 करोड़ रुपए है। आज की तिथि तक इसमें 15 प्रतिशत का निगेटिव रिटर्न मिला है, जबकि 1 साल में 25 प्रतिशत का रिटर्न मिला है।

एस्कॉर्ट्स में राकेश झुनझुनवाला की 7.42 प्रतिशत हिस्सेदारी है। उनकी हिस्सेदारी की वैल्यू 955 करोड़ रुपए है। आज की तिथि तक इसमें 65 प्रतिशत का रिटर्न मिला है, जबकि 1 साल में 82 प्रतिशत का रिटर्न मिला है।

क्रिसिल में राकेश झुनझुनवाला की 5.49 प्रतिशत हिस्सेदारी है। उनकी हिस्सेदारी की वैल्यू 670 करोड़ रुपए है। आज की तिथि तक इसमें 11 प्रतिशत का निगेटिव रिटर्न मिला है, जबकि 1 साल में 18 प्रतिशत का रिटर्न मिला है।

ल्यूपिन में राकेश झुनझुनवाला की 1.51 प्रतिशत हिस्सेदारी है। उनकी हिस्सेदारी की वैल्यू 615 करोड़ रुपए है। आज की तिथि तक इसमें 18 प्रतिशत का रिटर्न मिला है, जबकि 1 साल में 20 प्रतिशत का रिटर्न मिला है।

जुबिलेंट लाइफ साइंसेज में राकेश झुनझुनवाला की 4.41 प्रतिशत हिस्सेदारी है। उनकी हिस्सेदारी की वैल्यू 475 करोड़ रुपए है। आज की तिथि तक इसमें 25 प्रतिशत का रिटर्न मिला है, जबकि 1 साल में 36 प्रतिशत का रिटर्न मिला है।

राकेश का कहना है कि आप अपनी गलतियों से ही सबकुछ सीख सकते हैं। उनका कहना है कि "मुझे भी मेरी गलतियों की वजह से ही बहुत कुछ सीखने को मिला है। जीवन में हमेशा गलतियों से सीखें। एक निवेशक को हमेशा गिरगिट की तरह होना चाहिए। उसे अपने आप पर विश्वास होना चाहिए और सही समय पर सही निवेश करके उस निवेश को जकड़े रहना चाहिए।"

□

बिग बुल : राकेश झुनझुनवाला

राकेश झुनझुनवाला को 'शेयर मार्केट का शहंशाह' कहा जाता है। शेयर मार्केट के इस दिग्गज निवेशक को कोई 'बिग बुल' बुलाता है तो कोई उन्हें 'भारत का वॉरेन बफे' समझता है। वैल्यू क्रिएशन की जो मिसाल राकेश झुनझुनवाला ने पेश की है, वैसी कोई दूसरी मिसाल नहीं मिलती। यही वजह है कि उनके फैसलों का इंतजार बड़े-से-बड़े निवेशकों को रहता है। निवेशक यह जानना चाहते हैं कि वो किस कंपनी में निवेश कर रहे हैं और किससे बाहर निकल रहे हैं। सभी को बिग बुल के कमाई के मंत्र का इंतजार रहता है।

शेयरों में निवेश से मुनाफा कमाने की कुशलता के कारण राकेश झुनझुनवाला 'भारत के वॉरेन बफे' कहे जाते हैं। वे देश के सबसे अमीर निजी निवेशकों में शामिल हैं। ब्लूमबर्ग के अनुमान के मुताबिक, झुनझुनवाला के पास 11,140 करोड़ रुपए के शेयर हैं। उन्होंने एपटेक में पहली बार वर्ष 2005 में 56 रुपए की वैल्यू पर शेयर खरीदे थे। उनके और परिवार के सदस्यों के पास अब एपटेक की 49 प्रतिशत हिस्सेदारी है। वर्तमान में बी.एस.ई. पर एपटेक के शेयर की क्लोजिंग प्राइस के हिसाब से झुनझुनवाला ऐंड फैमिली के शेयरों की वैल्यू लगभग 690 करोड़ रुपए है। एपटेक का मैनेजमेंट कंट्रोल झुनझुनवाला के पास है। एपटेक एजुकेशन से जुड़ी कंपनी है। राकेश झुनझुनवाला इसके चेयरमैन हैं।

राकेश झुनझुनवाला का खपत से जुड़े शेयरों पर पोर्टफोलियो में फोकस ज्यादा रहा है। उन्होंने करीब 30 शेयरों में निवेश किया है। उनके

निवेश की वैल्यू करीब 15,000 से 16,000 करोड़ रुपए है। उन्होंने फाइनेंशियल सेक्टर में बहुत कम निवेश किया है।

टाइटन कंपनी में राकेश झुनझुनवाला की 5.53 प्रतिशत हिस्सेदारी है। उनकी हिस्सेदारी की वैल्यू 4,900 करोड़ रुपए है। आज की तिथि तक इसमें 15 प्रतिशत का निगेटिव रिटर्न मिला है, जबकि 1 साल में 25 प्रतिशत का रिटर्न मिला है।

एस्कॉर्ट्स में राकेश झुनझुनवाला की 7.42 प्रतिशत हिस्सेदारी है। उनकी हिस्सेदारी की वैल्यू 955 करोड़ रुपए है। आज की तिथि तक इसमें 65 प्रतिशत का रिटर्न मिला है, जबकि 1 साल में 82 प्रतिशत का रिटर्न मिला है।

क्रिसिल में राकेश झुनझुनवाला की 5.49 प्रतिशत हिस्सेदारी है। उनकी हिस्सेदारी की वैल्यू 670 करोड़ रुपए है। आज की तिथि तक इसमें 11 प्रतिशत का निगेटिव रिटर्न मिला है, जबकि 1 साल में 18 प्रतिशत का रिटर्न मिला है।

क्रिसिल में राकेश झुनझुनवाला की 5.49 प्रतिशत हिस्सेदारी है। उनकी हिस्सेदारी की वैल्यू 670 करोड़ रुपए है। आज की तिथि तक इसमें 11 प्रतिशत का निगेटिव रिटर्न मिला है, जबकि 1 साल में 18 प्रतिशत का रिटर्न मिला है।

ल्यूपिन में राकेश झुनझुनवाला की 1.51 प्रतिशत हिस्सेदारी है। उनकी हिस्सेदारी की वैल्यू 615 करोड़ रुपए है। आज की तिथि तक इसमें 18 प्रतिशत का रिटर्न मिला है, जबकि 1 साल में 20 प्रतिशत का रिटर्न मिला है।

जुबिलेंट लाइफ साइंसेज में राकेश झुनझुनवाला की 4.41 प्रतिशत हिस्सेदारी है। उनकी हिस्सेदारी की वैल्यू 475 करोड़ रुपए है। आज की तिथि तक इसमें 25 प्रतिशत का रिटर्न मिला है, जबकि 1 साल में 36 प्रतिशत का रिटर्न मिला है।

फेडरल बैंक में राकेश झुनझुनवाला की 3.08 प्रतिशत हिस्सेदारी है। उनकी हिस्सेदारी की वैल्यू 320 करोड़ रुपए है। आज की तिथि तक इसमें 40 प्रतिशत का निगेटिव रिटर्न मिला है, जबकि 1 साल में 52 प्रतिशत का रिटर्न मिला है।

एम.सी.एक्स. में राकेश झुनझुनवाला की 3.92 प्रतिशत हिस्सेदारी है। उनकी हिस्सेदारी की वैल्यू 260 करोड़ रुपए है। आज की तिथि तक इसमें 11 प्रतिशत का रिटर्न मिला है, जबकि 1 साल में 51 प्रतिशत का रिटर्न मिला है।

एन.सी.सी. में राकेश झुनझुनवाला की 10.22 प्रतिशत हिस्सेदारी है। उनकी हिस्सेदारी की वैल्यू 190 करोड़ रुपए है। आज की तिथि तक इसमें 45 प्रतिशत का निगेटिव रिटर्न मिला है, जबकि 1 साल में 68 प्रतिशत का रिटर्न मिला है।

राकेश झुनझुनवाला का नजरिया हमेशा से लंबी अवधि में निवेश का रहा है। कोविड महामारी के दौर में भी वे भारतीय शेयर बाजार को लेकर अभी भी बुलिश हैं। राकेश झुनझुनवाला का कहना है कि कोविड 19 की वजह से इस साल देश की इकोनॉमी की ग्रोथ रेट निगेटिव रह सकती है, लेकिन शेयर बाजार पर इकोनॉमी में कमजोरी का बहुत ज्यादा असर नहीं पड़ेगा।

राकेश झुनझुनवाला का नजरिया हमेशा से लंबी अवधि में निवेश का रहा है। कोविड महामारी के दौर में भी वे भारतीय शेयर बाजार को लेकर अभी भी बुलिश हैं। राकेश झुनझुनवाला का कहना है कि कोविड 19 की वजह से इस साल देश की इकोनॉमी की ग्रोथ रेट निगेटिव रह सकती है, लेकिन शेयर बाजार पर इकोनॉमी में कमजोरी का बहुत ज्यादा असर नहीं पड़ेगा। बाजार को लेकर हमेशा बुलिश रहनेवाले झुनझुनवाला का मानना है कि मौजूदा बाजार की स्थिति पर उन्हें भी फ्रस्ट्रेशन हुआ; लेकिन इसके साथ ही ऐसा

लग रहा है कि बाजार में आई हालिया तेजी नई ऊँचाई की तरफ जाने की शुरुआत हो सकती है। उनका मानना है कि "बाजार में आई हालिया तेजी बाजार में नए बुलरन की शुरुआत साबित हो सकती है। पिछले दिनों सरकार ने एग्रीकल्चर और माइनिंग सेक्टर में जो सुधार किए थे, उसका सकारात्मक असर देखने को मिलेगा, हालाँकि सरकार को सुधार के मोर्चे पर अभी और कुछ कदम उठाए जाने की जरूरत है। साथ ही आर.बी. आई. को कंपनियों के ऋण की वन टाइम रीस्ट्रक्चरिंग करनी चाहिए।"

राकेश झुनझुनवाला के मुताबिक, छोटे-छोटे निवेश से ही बड़ा फंड तैयार होता है; लेकिन शेयर बाजार में सही रणनीति और सही ढंग से पैसा लगाने पर ही रिटर्न मिलता है। देश के दिग्गज निवेशक और मार्केट के बिग बुल राकेश झुनझुनवाला ने पिछले दो दशक में पैसे से ही पैसा बनाया है।

राकेश झुनझुनवाला के मुताबिक, छोटे-छोटे निवेश से ही बड़ा फंड तैयार होता है; लेकिन शेयर बाजार में सही रणनीति और सही ढंग से पैसा लगाने पर ही रिटर्न मिलता है। देश के दिग्गज निवेशक और मार्केट के बिग बुल राकेश झुनझुनवाला ने पिछले दो दशक में पैसे से ही पैसा बनाया है। उन्होंने मार्केट से करोड़ों की कमाई की है। वे अकसर अपने फॉलोअर्स के लिए टिप्स भी देते हैं। उनकी टिप्स अपनाकर सभी लोग शेयर बाजार से कमाई कर सकते हैं।

राकेश झुनझुनवाला का नजरिया हमेशा से लंबी अवधि में निवेश का रहा है। वे अकसर शुरुआती निवेश करनेवालों को लंबे समय के लिए निवेश करने की सलाह देते हैं। उनका मानना है कि छोटी अवधि में ही मुनाफा कमाने के बजाय निवेश को कई गुना बढ़ने के लिए समय देना चाहिए। झुनझुनवाला के मुताबिक, बाजार में पैसे को मेच्योर होने का समय दें। थोड़ा इंतजार जरूर करना पड़ेगा, लेकिन रिटर्न निश्चित मिलेगा।

राकेश झुनझुनवाला कहते हैं कि कंपनी के शेयर की कीमत यह तय नहीं करती कि आपको उसमें निवेश करना चाहिए या नहीं, बल्कि कंपनी की वैल्यू ज्यादा महत्त्व रखती है। अकसर लोग ज्यादा कीमतवाले शेयरों को लेना पसंद करते हैं, लेकिन कंपनी का प्रदर्शन पिछले एक या पाँच साल में कैसा रहा है, यह देखना जरूरी है। कंपनी का आउटलुक अच्छा है तो शेयर मार्केट के उतार-चढ़ाव के बावजूद वह आपको अच्छा रिटर्न देगी।

राकेश का कहना है कि शेयर मार्केट में निवेश बैंकों की तरह हमेशा सुरक्षित नहीं होता। यहाँ बड़ा रिटर्न है तो रिस्क भी है। इसलिए जरूरी है कि आप कंपनी की पूरी जानकारी लेने के बाद ही पैसा लगाएँ। किसी शेयर में सिर्फ इसलिए पैसा नहीं लगाना चाहिए, क्योंकि दूसरे उसमें पैसा लगा रहे हैं; क्योंकि दूसरे शायद नुकसान उठाने में सक्षम होंगे, लेकिन आप नहीं।

राकेश का कहना है कि शेयर मार्केट में निवेश बैंकों की तरह हमेशा सुरक्षित नहीं होता। यहाँ बड़ा रिटर्न है तो रिस्क भी है। इसलिए जरूरी है कि आप कंपनी की पूरी जानकारी लेने के बाद ही पैसा लगाएँ। किसी शेयर में सिर्फ इसलिए पैसा नहीं लगाना चाहिए, क्योंकि दूसरे उसमें पैसा लगा रहे हैं; क्योंकि दूसरे शायद नुकसान उठाने में सक्षम होंगे, लेकिन आप नहीं।

शेयर मार्केट में अगर कंपनी अच्छा प्रदर्शन कर रही है तो जरूरी नहीं कि वह आपको अच्छा ही रिटर्न देगी। इसलिए जरूरी है निवेश से पहले कंपनी का बैकग्राउंड चेक करें और देखें कि कंपनी ने कितना डिविडेंड दिया है। डिविडेंड शेयर मार्केट में काफी महत्त्व रखता है। कंपनी अगर लंबे समय से नियमित तौर पर डिविडेंड दे रही है तो इसका मतलब है कि उसके पास कैश की कमी नहीं है। कैश सरप्लस वाली कंपनियाँ अकसर अच्छा प्रदर्शन करती हैं।

आपके पास निवेश करने के लिए अच्छी रकम हो सकती है; लेकिन जरूरी नहीं कि आप सारा पैसा एक बार में निवेश कर दें। मुनाफा कमाने की चाह अच्छी है, लेकिन नियम यह कहता है कि थोड़ा-थोड़ा निवेश ही बेहतर रिटर्न की गारंटी देता है। किसी एक शेयर में पैसा लगाते वक्त अपनी निवेश राशि को हिस्सों में बाँट लें और समय-समय पर खरीदारी करें। अगर शेयर में गिरावट आती है तो खरीदारी जारी रखें। इससे आपकी खरीद का औसत घट जाएगा।

राकेश झुनझुनवाला का कहना है कि आगे फार्मा शेयरों में जोरदार तेजी देखने को मिलेगी। इसके अलावा बैंकिंग एवं फाइनेंशियल सेक्टर को लेकर भी वह सकारात्मक हैं। उनका कहना है कि बैंकिंग सेक्टर की कमाई उतनी घटने की आशंका नहीं है, जितनी बताई जा रही है।

शेयर मार्केट में यह देखना होता है कि कंपनियों पर कितना ऋण है। अगर ऋण कम है तो कंपनियों पर कैश का दबाव नहीं होगा; लेकिन अगर ऋण ज्यादा है तो कंपनी की वैल्युएशन में कभी भी उतार-चढ़ाव आ सकता है। निवेश करने से पहले कंपनी के ऋण की समीक्षा जरूर करें।

राकेश झुनझुनवाला का कहना है कि आगे फार्मा शेयरों में जोरदार तेजी देखने को मिलेगी। इसके अलावा बैंकिंग एवं फ़ाइनेंशियल सेक्टर को लेकर भी वह सकारात्मक हैं। उनका कहना है कि बैंकिंग सेक्टर की कमाई उतनी घटने की आशंका नहीं है, जितनी बताई जा रही है। इस समय बैंकिंग शेयरों का वैल्युएशन भी अच्छा है। मौजूदा भाव पर बैंक शेयरों में निवेश किया जा सकता है। आगे इस सेक्टर में मजबूत ग्रोथ की उम्मीद है।

राकेश झुनझुनवाला का जन्म 5 जुलाई, 1960 को मुंबई में हुआ। उनके पिता आय कर अधिकारी थे। उनकी स्टॉक मार्केट में काफी रुचि

थी, इसलिए उनके पिता अपने दोस्तों के साथ स्टॉक के बारे में बातें भी करते थे। राकेश बचपन से ही वे सारी बातें सुनते आए थे। एक दिन राकेश ने अपने पिताजी से पूछ लिया कि शेयर बाजार में भाव ऊपर-नीचे क्यों होते हैं? तब उनके पिता ने उनसे कहा कि वह अखबार पढ़ें। यह उनका शेयर मार्केट के बारे में पहला सबक था।

राकेश का कहना है कि आप अपनी गलतियों से ही सबकुछ सीख सकते हैं। उनका कहना है कि "मुझे भी मेरी गलतियों की वजह से ही बहुत कुछ सीखने को मिला है। जीवन में हमेशा गलतियों से सीखें। एक निवेशक को हमेशा गिरगिट की तरह होना चाहिए। उसे अपने आप पर विश्वास होना चाहिए और सही समय पर सही निवेश करके उस निवेश को जकड़े रहना चाहिए।"

□

शेयर बाजार से कमाई के मंत्र

निवेश की दुनिया में राकेश झुनझुनवाला का खास स्थान है। राकेश झुनझुनवाला ने सन् 1985 में स्नातक करके फुल टाइम शेयर बाजार में कारोबार शुरू किया। तब सेंसेक्स में केवल 150 कंपनियाँ लिस्टेड थीं। महज 5,000 रुपए की रकम से शुरुआत करनेवाले झुनझुनवाला ने शेयरों से अरबों रुपए कमाए हैं। उनका मानना है कि बढ़िया निवेश के लिए जुनून जरूरी है; मगर इसके साथ विवेक की भी खासी अहमियत है। झुनझुनवाला को 'भारत का वॉरेन बफे' कहा जाता है। वे देश के सबसे अमीर निवेशकों में शामिल हैं। शेयरों में निवेश के बारे में उनका कहना है कि "ट्रेडिंग में रफ्तार होती है। यह ले फटाफट और दे फटाफट, मारो और भागो के तर्ज पर होती है। हर कोई ट्रेडिंग से पैसा कमाना चाहता है; मगर यह संभव नहीं है। मैंने भी पैसा गँवाया है।"

बाजार में तमाम किस्म के उतार-चढ़ाव देखनेवाले झुनझुनवाला ने सन् 1992 में शॉर्ट सेलिंग के जरिए 40 से 100 पर शॉर्ट सेलिंग की। उनका मानना है कि बाजार में पैसा कमाने का सबसे बड़ा मंत्र है कि आपका रुख तेजी का होना चाहिए। बाजार की सबसे ज्यादा कमाई तेजी का रुख बनाए रखने से होती है। जरूरी नहीं कि आप निवेश के दिग्गज हों, मगर वैसा मिजाज होना चाहिए। झुनझुनवाला का मानना है कि अपनी जड़ों को न भूलें। सभ्यता का स्वाँग न करें या वह बनने की चेष्टा न करें, जो आप नहीं हैं। अपने आप को सरल रखें। वे आगाह करते हैं कि सबसे अच्छे समय में ही आप सबसे बड़ी गलतियाँ करते हैं।

झुनझुनवाला का कहना है कि अगर आपने पैसा कमाने का मन बना ही लिया है तो जरूरी नहीं है कि बड़ी रकम से ही शुरुआत की जाए। आप छोटी शुरुआत से भी अमीर बन सकते हैं। बस, आपको स्टॉक मार्केट के कुछ बेसिक नियमों पर ध्यान देना होगा। ये ऐसे नियम हैं, जिन्हें बड़े-बड़े निवेशक शेयर बाजार में अपनाते रहे हैं और आज बड़े अमीरों में उनका नाम शामिल है। अगर आप भी शेयर बाजार से अच्छी कमाई करना चाहते हैं तो आपको कुछ जरूरी मनी मंत्रों या गोल्डन टिप्स पर ध्यान देना होगा, जो कम समय में आपकी छोटी रकम को लाखों या करोड़ों में बदल सकते हैं।

झुनझुनवाला का कहना है कि अगर आपने पैसा कमाने का मन बना ही लिया है तो जरूरी नहीं है कि बड़ी रकम से ही शुरुआत की जाए। आप छोटी शुरुआत से भी अमीर बन सकते हैं। बस, आपको स्टॉक मार्केट के कुछ बेसिक नियमों पर ध्यान देना होगा।

कहते हैं, उनकी नजर जिस कंपनी के शेयर पर पड़ जाती है, ज्यादातर मौकों पर उनमें अच्छी-खासी ग्रोथ देखने को मिलती है। राकेश झुनझुनवाला के पसंदीदा शेयरों में एक शेयर एस्कॉर्ट्स ट्रैक्टर भी है, जिसमें पैसे लगाकर उन्होंने जमकर कमाई की। झुनझुनवाला ने एस्कॉर्ट्स ट्रैक्टर में निवेश कर महज 6 साल में 284 करोड़ रुपए कमाए। झुनझुनवाला ने साल 2013 के सितंबर तिमाही में पहली बार एस्कॉर्ट्स ट्रैक्टर के करीब 50 लाख शेयर खरीदे। तभी से यह उनके पसंदीदा शेयरों में शामिल है। दिसंबर 2015 तक उनके पोर्टफोलियो में कंपनी के शेयरों की संख्या बढ़कर 1.12 करोड़ हो गई। यह कंपनी में उनकी करीब 9 फीसदी हिस्सेदारी थी। उन्होंने वर्ष 2017 की दिसंबर तिमाही में कंपनी के 12 लाख शेयर बेच दिए। अब उनके पास 1 करोड़ शेयर हैं और उनकी कंपनी में शेयर होल्डिंग 8.16 फीसदी के करीब है।

सितंबर 2013 में एस्कॉर्ट्स ट्रैक्टर के एक शेयर की कीमत 80 रुपए थी। उस समय राकेश झुनझुनवाला के पास करीब 50 लाख शेयर थे, यानी तब शेयरों की कुल कीमत 40 करोड़ रुपए थी। शेयर के करंट प्राइस की बात करें तो यह पिछले हफ्ते 648 रुपए पर बंद हुआ था। इस लिहाज से उन 50 लाख शेयरों की कुल कीमत बढ़कर अब 324 करोड़ रुपए हो चुकी है, यानी 284 करोड़ रुपए का लाभ। आज तक की बात करें तो यह लाभ 290 करोड़ से ज्यादा हो चुका है।

राकेश झुनझुनवाला ने कई कंपनियों में भारी निवेश किया है। उनके निवेशवाली कुछेक कंपनियाँ ऐसी हैं, जिन्होंने वर्ष 2017 के दौरान कई गुना रिटर्न दिया है। इनमें सबसे पहले नाम आता है 'जियोजित फाइनेंशियल सर्विसेज' का, जिसमें राकेश झुनझुनवाला ने करीब 7.6 फीसदी हिस्सेदारी खरीदी हुई है।

राकेश झुनझुनवाला ने कई कंपनियों में भारी निवेश किया है। उनके निवेशवाली कुछेक कंपनियाँ ऐसी हैं, जिन्होंने वर्ष 2017 के दौरान कई गुना रिटर्न दिया है। इनमें सबसे पहले नाम आता है 'जियोजित फाइनेंशियल सर्विसेज' का, जिसमें राकेश झुनझुनवाला ने करीब 7.6 फीसदी हिस्सेदारी खरीदी हुई है। वर्ष 2017 के दौरान इस कंपनी का शेयर 245 फीसदी बढ़ा है। इसके बाद एस्कॉर्ट्स में भी उनकी 9.1 फीसदी की हिस्सेदारी है, जिसमें इस साल 118 फीसदी की तेजी देखने को मिली है। इनके अलावा, टाइटन में 90 फीसदी और ऑटोलाइन इंडस्ट्री में 75 फीसदी की तेजी आई है। इन दोनों कंपनियों में भी झुनझुनवाला ने अच्छी-खासी हिस्सेदारी खरीदी हुई है।

वक्त का इंतजार न करें

मार्केट में निवेश के लिए हर वक्त सही वक्त होता है। मार्केट में सही वक्त का इंतजार न करें। अगर किसी अच्छी कंपनी का स्टॉक वाजिब कीमत पर है तो निवेश शुरू कर दें, भले ही उस समय मार्केट में दबाव देखने को मिल रहा हो। आम निवेशक सही समय के इंतजार में मार्केट में निवेश नहीं कर पाता। वहीं जब समय बीत जाता है तो वह मार्केट की चाल को देखकर ऊँचे स्तरों पर पहुँचे स्टॉक्स में निवेश कर देता है और घाटा उठाता है।

> ***मार्केट में निवेश के लिए हर वक्त सही वक्त होता है। मार्केट में सही वक्त का इंतजार न करें। अगर किसी अच्छी कंपनी का स्टॉक वाजिब कीमत पर है तो निवेश शुरू कर दें, भले ही उस समय मार्केट में दबाव देखने को मिल रहा हो।***

दूसरों को देखकर पैसा न लगाएँ

अगर आप सिर्फ इस वजह से किसी स्टॉक में पैसा लगा रहे हैं, क्योंकि दूसरे भी उसमें पैसा लगा रहे हैं तो आप नुकसान उठा सकते हैं। स्टॉक मार्केट में सफल होने का मंत्र है कि आप लोगों को फॉलो न करें, बल्कि लोग आपको फॉलो करें। जब दूसरे लालच में आ रहे हों तो सतर्क हो जाएँ। वहीं जब दूसरे सतर्क रुख अपनाने की कोशिश कर रहे हों तो कमाने के बारे में सोचने लगें।

कीमत पर न जाएँ, वैल्यू देखें

कभी भी किसी शेयर में पैसा लगाने के पहले यह न देखें कि इस शेयर की कीमत ज्यादा है तो यह बेहतर होगा। कई बार 50 से 100 रुपए के बीच की कीमतवाला शेयर ज्यादा मूल्यवान् हो सकता है, अगर उस कंपनी का प्रदर्शन बेहतर है। किसी भी शेयर में पैसा लगाने के पहले उस कंपनी का प्रदर्शन देख लें। कंपनी का प्रदर्शन बेहतर है तो मार्केट के उतार-चढ़ाव से दिक्कत नहीं होगी।

डिविडेंड देनेवाली कंपनियों पर करें भरोसा

निवेश करने से पहले यह देख लें कि कौन सी कंपनियाँ रेग्युलर डिविडेंड दे रही हैं। अगर कोई कंपनी रेग्युलर बेसिस पर डिविडेंड दे रही हैं तो इसका मतलब है कि उस कंपनी के पास कैश की कोई कमी नहीं है। कैश सरप्लस वाली कंपनियों का प्रदर्शन भी बेहतर रहता है। ऐसे में, इन कंपनियों के शेयर के साथ आपका पैसा ज्यादा तेजी से बढ़ने का चांस रहता है।

कम ऋणवाली कंपनियों का चयन करें

निवेश करने के पहले यह भी देख लें कि किस कंपनी पर ऋण कम है। ऋण कम होने से कंपनियों पर कैश को लेकर दबाव नहीं रहता है। टी.सी.एस. और इन्फोसिस जैसी कंपनियाँ इसका उदाहरण हैं।

निवेश करने से पहले यह देख लें कि कौन सी कंपनियाँ रेग्युलर डिविडेंड दे रही हैं। अगर कोई कंपनी रेग्युलर बेसिस पर डिविडेंड दे रही हैं तो इसका मतलब है कि उस कंपनी के पास कैश की कोई कमी नहीं है।

एक साथ पूरी रकम न लगाएँ

स्टॉक्स में अकसर उतार-चढ़ाव देखने को मिलते हैं। ऐसे में, प्रॉफिट कमाने का नियम है कि पूरा निवेश कभी भी एक साथ न किया जाए। अगर किसी स्टॉक में आप निवेश करना चाहते हैं तो कुल रकम को कई हिस्सों में बाँट लें और धीरे-धीरे खरीदारी करें। अगर स्टॉक में गिरावट आती है तो खरीदारी जारी रख आप खरीद का औसत घटा सकते हैं। इसलिए पहले रणनीति बनाएँ, फिर निवेश करें।

लक्ष्य को लेकर ज्यादा व्यावहारिक रहें

मार्केट में ऐसे स्टॉक्स की कोई कमी नहीं है, जिन्होंने एक साल में 100 फीसदी से ज्यादा रिटर्न दिया है। मजबूत स्टॉक्स में स्थिर बढ़त

देखने को मिलती है। ऐसे में मार्केट के सेफ इन्वेस्टमेंट माने जानेवाले स्टॉक्स में कम समय में बहुत ऊँचे रिटर्न की संभावना काफी कम होती है; हालाँकि, लंबी अवधि में ये स्टॉक आपको शानदार रिटर्न दे सकते हैं।

अफवाहों पर ध्यान न दें

> ***वॉरेन बफे के अनुसार, स्टॉक्स में निवेश करने के बाद बार-बार स्टॉक्स कीमतों को देखना एक गलत रणनीति है। उसे कुछ समय के लिए छोड़ देना चाहिए। स्टॉक मार्केट में अफवाहें खूब चलती हैं, इसलिए इससे बचना जरूरी है।***

वॉरेन बफे के अनुसार, स्टॉक्स में निवेश करने के बाद बार-बार स्टॉक्स कीमतों को देखना एक गलत रणनीति है। उसे कुछ समय के लिए छोड़ देना चाहिए। स्टॉक मार्केट में अफवाहें खूब चलती हैं, इसलिए इससे बचना जरूरी है। ज्यादा रिटर्न के लालच में न पड़ें। अगर आपको 15 से 20 फीसदी रिटर्न दिख रहा है तो निवेश करें।

सही शेयर खरीदो और उसे जकड़ो

राकेश झुनझुनवाला कहते हैं कि तेजी में सबका फायदा और मंदी में सबका नुकसान हो, ऐसा नहीं हो सकता। मेरा बिजनेस मंत्र सरल है—'बाय राइट ऐंड होल्ड टाइट', यानी सही समय पर सही शेयर खरीदो और उसे जकड़कर रखो।

व्यापार में निवेश करें, न कि किसी कंपनी में

कंपनी से ज्यादा उसके कारोबार पर फोकस करना चाहिए। कंपनी किस तरह के कारोबार में है और उस कारोबार में आगे चलकर कितना फायदा होने की उम्मीद है, एक निवेशक की हमेशा इस पर नजर होनी चाहिए।

झुनझुनवाला बताते हैं कि वे कंपनी की ग्रोथ, कीमत, तरलता और

नकद प्रवाह को देखते हैं। "मैं गलत कंपनी पर दाँव लगाने का नुकसान भी उठाता हूँ। किसी कंपनी के शेयर खरीदता हूँ तो उस कंपनी को अपना लेता हूँ। अगर वह मुनाफा नहीं दे पाई तो यह मेरा गलत चयन है। यह सही है कि कुछ कंपनियाँ मेरे पास आती हैं, जिनका मैं मूल्यांकन करता हूँ। बाकियों को मैं खुद चुनता हूँ।"

उनके कुछ दोस्त बताते हैं कि उन्हें किसी बात पर यकीन हो जाए तो अपना भरोसा और पैसा उसमें लगा देते हैं। उदाहरण के तौर पर, 'बाटा' और 'मैकड्वेल्स' के शेयरों का काफी बड़ा हिस्सा उनके पास था, क्योंकि इसमें उन्हें अवसर दिखा; लेकिन बगैर बड़ा मुनाफा कमाए, उन्होंने वे शेयर बेच दिए। वे बताते हैं कि समय ने उन्हें हठी नहीं होना सिखाया। 'हठधर्मी न होने की आदत ने मुझे बेहतर दाँव लगाना सिखाया।' उनके दोस्त कल्पराज धर्मसी कहते हैं कि वह हमेशा विपरीत फैसले लेते हैं, क्योंकि अवसर वहीं छिपे होते हैं।

□

शेयर मार्केटिंग टिप्स

राकेश झुनझुनवाला के शेयरों से कमाई के कुछ प्रमुख टिप्स निम्नलिखित हैं—

दूसरों को देखकर पैसा न लगाएँ

किसी शेयर में सिर्फ इसलिए पैसा नहीं लगाना चाहिए, क्योंकि दूसरे उसमें पैसा लगा रहे हैं; क्योंकि दूसरे शायद नुकसान उठाने में सक्षम होंगे, लेकिन आप नहीं। शेयर मार्केट में निवेश बैंकों की तरह हमेशा सुरक्षित नहीं होता। यहाँ बड़ा रिटर्न है तो रिस्क भी है। इसलिए, जरूरी है कि आप कंपनी की पूरी जानकारी लेने के बाद ही पैसा लगाएँ।

कैश सरप्लस देखें

डिविडेंड शेयर मार्केट में काफी महत्त्व रखता है। कंपनी अगर लंबे समय से नियमित तौर पर डिविडेंड दे रही है तो इसका मतलब है कि उसके पास कैश की कमी नहीं है। कैश सरप्लस वाली कंपनियाँ अकसर अच्छा प्रदर्शन करती हैं। शेयर मार्केट में अगर कंपनी अच्छा प्रदर्शन कर रही है तो जरूरी नहीं कि वह आपको अच्छा ही रिटर्न देगी। इसलिए जरूरी है कि निवेश से पहले कंपनी का बैकग्राउंड चेक करें और देखें कि कंपनी ने कितना डिविडेंड दिया है।

पूरा पैसा एक साथ न लगाएँ

मुनाफा कमाने की चाह अच्छी है; लेकिन नियम यह कहता है कि थोड़ा-थोड़ा इन्वेस्टमेंट ही बेहतर रिटर्न की गारंटी देता है। आपके पास निवेश करने के लिए अच्छी रकम हो सकती है; लेकिन जरूरी नहीं कि आप सारा पैसा एक बार में निवेश कर दें। किसी एक शेयर में पैसा लगाते वक्त अपनी निवेश राशि को हिस्सों में बाँट लें और समय-समय पर खरीदारी करें। अगर शेयर में गिरावट आती है तो खरीदारी जारी रखें। इससे आपकी खरीद का औसत घट जाएगा।

> ***मुनाफा कमाने की चाह अच्छी है; लेकिन नियम यह कहता है कि थोड़ा-थोड़ा इन्वेस्टमेंट ही बेहतर रिटर्न की गारंटी देता है। आपके पास निवेश करने के लिए अच्छी रकम हो सकती है; लेकिन जरूरी नहीं कि आप सारा पैसा एक बार में निवेश कर दें।***

अपने निवेश को समय दें

झुनझुनवाला के अनुसार, बाजार में पैसे को मेच्योर होने का समय दें। थोड़ा इंतजार जरूर करना पड़ेगा, लेकिन रिटर्न निश्चित मिलेगा। राकेश झुनझुनवाला का नजरिया हमेशा से लंबी अवधि में निवेश का रहा है। वे अकसर शुरुआती निवेश करनेवालों को लंबे समय के लिए निवेश करने की सलाह देते हैं। उनका मानना है कि छोटी अवधि में ही मुनाफा कमाने के बजाय निवेश को कई गुना बढ़ने के लिए समय देना चाहिए।

कीमत नहीं, कंपनी की वैल्यू देखें

अकसर लोग ज्यादा कीमत वाले शेयर को लेना पसंद करते हैं; लेकिन कंपनी का प्रदर्शन पिछले एक या पाँच साल में कैसा रहा है, यह देखना जरूरी है। कंपनी का आउटलुक अच्छा है तो शेयर मार्केट के उतार-चढ़ाव के बावजूद वह आपको अच्छा रिटर्न देगी। राकेश

झुनझुनवाला कहते हैं कि कंपनी के शेयर की कीमत यह तय नहीं करती कि आपको उसमें निवेश करना चाहिए या नहीं; बल्कि कंपनी की वैल्यू ज्यादा महत्त्व रखती है। यानी किसी कंपनी में निवेश करने से पहले उस कंपनी का बहुत ही अच्छी तरह से विश्लेषण करें। स्टॉक मार्केट में इन्वेस्टमेंट करते वक्त दो-चार चीजें देखकर काम नहीं चलता है। कई विश्लेषण के साथ-साथ कंपनी के मैनेजमेंट को भी अच्छे से जानना होता है।

कंपनियों का ऋण भी देखें

निवेश करने से पहले कंपनी के ऋण की समीक्षा जरूर करें। शेयर मार्केट में यह देखना जरूरी होता है कि कंपनियों पर कितना ऋण है। अगर ऋण कम है तो कंपनियों पर कैश का दबाव नहीं होगा, लेकिन अगर ऋण ज्यादा है तो कंपनी की वैल्युएशन में कभी भी उतार-चढ़ाव आ सकता है।

निवेश करने से पहले कंपनी के ऋण की समीक्षा जरूर करें। शेयर मार्केट में यह देखना जरूरी होता है कि कंपनियों पर कितना ऋण है। अगर ऋण कम है तो कंपनियों पर कैश का दबाव नहीं होगा, लेकिन अगर ऋण ज्यादा है तो कंपनी की वैल्युएशन में कभी भी उतार-चढ़ाव आ सकता है।

गलती करने से न डरें

अगर आप गलती करने से डरते हैं तो आप कभी सही निर्णय नहीं ले पाएँगे। इसलिए यदि आप सफल बनना चाहते हैं तो आपको जीवन में निर्णय लेने की आवश्यकता होगी। निर्णय लेते समय कभी-कभी गलती भी हो जाती है। आप उन गलतियों से सीखें। वे आपको बहुत आगे तक ले जा सकती हैं। झुनझुनवाला के अनुसार, स्टॉक मार्केट में निवेश सीखने का सबसे अच्छा तरीका है अनुभव और अनुभव गलतियों से मिलता है। स्टॉक मार्केट में निवेश

करते समय कई निर्णय लेने होते हैं, इसलिए कई बार गलती हो जाती है। इसलिए दूसरों को दोष देने से पहले आप अपनी खुद की गलतियों से सीखें।

बाजार सर्वोपरि है

राकेश झुनझुनवाला कहते हैं कि बाजार सर्वोपरि होता है। बाजार कभी गलत या सही नहीं होता, गलत या सही होते हैं हम और आप। अगर आप बाजार को सर्वोपरि मानकर अपनी गलतियों को स्वीकार नहीं करेंगे और उनसे सबक नहीं लेंगे तो कभी भी अच्छे निवेशक नहीं बन सकेंगे।

राकेश झुनझुनवाला कहते हैं कि बाजार सर्वोपरि होता है। बाजार कभी गलत या सही नहीं होता, गलत या सही होते हैं हम और आप। अगर आप बाजार को सर्वोपरि मानकर अपनी गलतियों को स्वीकार नहीं करेंगे और उनसे सबक नहीं लेंगे तो कभी भी अच्छे निवेशक नहीं बन सकेंगे।

अपने ट्रेडिंग और इन्वेस्टमेंट पोर्टफोलियो को अलग रखें

अगर आप पहली बार स्टॉक मार्केट में निवेश कर रहे हैं और ट्रेडिंग भी करना चाहते हैं तो निवेश एवं ट्रेडिंग पोर्टफोलियो अलग-अलग रखें। हर बार ट्रेड करने से पहले देख लें कि उसमें बुरा-से-बुरा क्या हो सकता है। उस बुरे के लिए तैयार रहें। जोखिम उतना ही लें, जितना आप झेल सकते हों।

इन्वेस्टमेंट का सही तरीका

किसी बड़े शेयर खरीदार की देखा-देखी या फिर किसी की सलाह भर से शेयर मार्केट में निवेश करने से बचें। यह निवेश का सही तरीका नहीं है। अगर कोई शेयर आपको पसंद हो तो खुद से अच्छे से विश्लेषण जरूर कर लें।

पाँच खासियतों पर नजर

प्राइवेट इक्विटी इन्वेस्टर्स को किसी भी कंपनी के शेयर में पैसे लगाने के पहले पाँच खासियतों पर नजर जरूर डालनी चाहिए। कंपनी की ये पाँच खासियतें उनके शेयरों को मल्टीबैगर बना सकती हैं। ये पाँच खासियतें हैं—धैर्य, टेक्नोलॉजी यानी प्रौद्योगिकी, फ्रूगैलिटी यानी मितव्ययिता, मैनेजमेंट और गवर्नेंस का तरीका। 'इंडिगो' और 'डी ऐंड मार्ट' ने उन्हीं पाँच खासियतों के बल पर पिछले दस वर्षों में नई ऊँचाइयों को छुआ। अगर धैर्य नहीं है तो यह बिजनेस करने में सबसे बड़ी गलती है।

पी.एस.यू. शेयरों में निवेश करने का अच्छा अवसर है, क्योंकि सार्वजनिक क्षेत्र की कंपनियाँ कॉरपोरेट टैक्स कटौती के बाद सबसे बड़ी विनर होंगी। सरकार की डाइवेस्टमेंट की योजना सही तरीके से लागू की गई तो पी.एस.यू. कंपनियों को बहुत ज्यादा फायदा होगा।

शेयरों में निवेश का बेहतर मौका

पी.एस.यू. शेयरों में निवेश करने का अच्छा अवसर है, क्योंकि सार्वजनिक क्षेत्र की कंपनियाँ कॉरपोरेट टैक्स कटौती के बाद सबसे बड़ी विनर होंगी। सरकार की डाइवेस्टमेंट की योजना सही तरीके से लागू की गई तो पी.एस.यू. कंपनियों को बहुत ज्यादा फायदा होगा। अगले 5 साल के लिए इक्विटी और गोल्ड दोनों में निवेश करना पॉजिटिव है। गोल्ड में 2,500 से 3,000 डॉलर प्रति ट्रॉय औंस तक तेजी आ सकती है।

मालामाल कर सकती हैं मुश्किलों से जूझ रही कंपनियाँ

हर कंपनी को अलग-अलग श्रेणी में रखा जा सकता है; लेकिन महत्त्वपूर्ण यह नहीं है कि कौन सी कंपनी सर्वाइव करेगी और कौन सी

धड़ल्ले से ग्रोथ करने लगेगी, बल्कि महत्त्वपूर्ण यह है कि किस कंपनी के शेयर की कीमत क्या होगी। कुछ बेहतरीन रिटर्न उन कंपनियों से मिल सकते हैं, जिन्हें अभी सर्वाइव करने में मुश्किलों का सामना करना पड़ेगा।

सार-संक्षेप

- मंदी के समय पोर्टफोलियो पर ज्यादा ध्यान देना चाहिए।
- शेयर को कम मुनाफे में बेचने की जल्दबाजी न दिखाएँ।
- दिन में कम-से-कम दो बार अपने पोर्टफोलियो को जरूर चेक करें।
- सही मौका मिलने पर ही पैसा लगाएँ और रिटर्न पर फोकस रखें।
- निवेश करते समय खुद पर रखें भरोसा।
- निवेश करने से ज्यादा अहम है कि उसमें आपको रिटर्न कितना मिलेगा।
- छोटे शेयरों को नजरअंदाज नहीं करें।

□

राकेश झुनझुनवाला का पोर्टफोलियो

5,000 रुपए से 41,000 करोड़ रुपए! 'फोर्ब्स' के नवीनतम अपडेट के अनुसार, राकेश झुनझुनवाला की कुल संपत्ति 5.6 अरब डॉलर है, जो 41,000 करोड़ रुपए से अधिक के बराबर है। तो मुंबई का एक सामान्य व्यक्ति केवल 5,000 रुपए के साथ भारतीय इतिहास में सबसे सफल स्टॉक निवेशकों में से एक कैसे बन गया?

राकेश झुनझुनवाला 'रेयर एंटरप्राइजेज' नामक एक निजी स्वामित्व वाली स्टॉक ट्रेडिंग फर्म का प्रबंधन करते हैं। यह नाम उनके नाम के पहले दो आद्याक्षर और उनकी पत्नी श्रीमती रेखा झुनझुनवाला के नाम से लिया गया है।

शेयर बाजार में अपने लंबे कॅरियर के दौरान राकेश झुनझुनवाला ने कई मल्टी बैगर शेयरों में निवेश किया।

वर्ष 2002-03 में राकेश झुनझुनवाला ने टाइटन कंपनी लिमिटेड को 3 रुपए की औसत कीमत पर खरीदा और वर्तमान में यह 2,160 रुपए की कीमत पर कारोबार कर रहा है। उनके पास टाइटन कंपनी के 4.2 करोड़ से अधिक शेयर हैं। जून 2021 तक कंपनी में उनकी समग्र होल्डिंग 4.8 फीसदी है।

वर्ष 2006 में उन्होंने ल्यूपिन में निवेश किया और उनकी औसत खरीद मूल्य 150 रुपए थी। आज ल्यूपिन 951 रुपए पर कारोबार कर रहा है।

राकेश झुनझुनवाला के पोर्टफोलियो में कुछ अन्य 'मल्टी-बैगर्स क्रिसिल', 'प्राज इंडिया', 'अरबिंदो फार्मा', 'एन.सी.सी.' आदि हैं।

हाल के एक घटनाक्रम में राकेश झुनझुनवाला ने एक बार फिर सिर्फ 8 दिनों में 50 करोड़ रुपए कमाने के लिए सुर्खियाँ बटोरीं।
राकेश झुनझुनवाला प्राइम फोकस लिमिटेड, जियोजित बी.एन.पी., पारिबा वित्तीय सेवाओं, प्राज इंडस्ट्रीज, कॉनकॉर्ड बायोटेक आदि जैसी बड़ी कंपनियों के निदेशक मंडल में होने के अलावा एक फिल्म निर्माता भी हैं।

हाल के एक घटनाक्रम में राकेश झुनझुनवाला ने एक बार फिर सिर्फ 8 दिनों में 50 करोड़ रुपए कमाने के लिए सुर्खियाँ बटोरीं।

राकेश झुनझुनवाला प्राइम फोकस लिमिटेड, जियोजित बी.एन.पी., पारिबा वित्तीय सेवाओं, प्राज इंडस्ट्रीज, कॉनकॉर्ड बायोटेक आदि जैसी बड़ी कंपनियों के निदेशक मंडल में होने के अलावा एक फिल्म निर्माता भी हैं।

उन्होंने 'इंग्लिश-विंग्लिश', 'शमिताभ', 'की ऐंड का' जैसी फिल्मों का निर्माण किया है। वह हंगामा डिजिटल मीडिया एंटरटेनमेंट प्राइवेट लिमिटेड के अध्यक्ष हैं।

राकेश झुनझुनवाला का नवीनतम स्टॉक पोर्टफोलियो

राकेश झुनझुनवाला के पोर्टफोलियो में सबसे अधिक वेटेज वाले नवीनतम स्टॉक (दिसंबर 2021 तक अपडेट) यहाँ दिए गए हैं—

क्रम	कंपनी का नाम	तिमाही	शेयरों की संख्या	मौजूदा कीमत	प्रतिशत	कुल मूल्य
1.	केनरा बैंक	सितंबर-21	2,90,97,400	202.1	1.6	6,17,73,78,020 रु.
2.	वॉकहार्ट लिमिटेड	सितंबर-21	25,00,005	414.2	2.26	1,06,75,02,135 रु.
3.	ओरिएंट सीमेंट लिमिटेड	सितंबर-21	25,00,000	159.95	1.22	40,88,75,000 रु.
4.	नेशनल एल्युमीनियम कंपनी लिमिटेड	सितंबर-21	2,50,00,000	98.7	1.36	2,52,00,00,000 रु.
5.	एन.सी.सी. लिमिटेड	सितंबर-21	7,83,33,266	70.45	12.84	5,66,34,95,131.80 रु.
6.	एग्रो टेक फूड्स लिमिटेड	सितंबर-21	20,03,259	960.1	8.22	1,91,61,17,233.50 रु.
7.	टाटा कम्युनिकेशंस लिमिटेड	सितंबर-21	30,75,687	1354.2	1.08	4,21,92,27,426.60 रु.
8.	फोर्टिस हेल्थकेयर लिमिटेड	सितंबर-21	3,19,50,000	276.3	4.23	9,26,23,05,000 रु.
9.	एप्टेक लिमिटेड	सितंबर-21	1,81,12,312	356.85	44.43	6,69,06,88,052.80 रु.
10.	इंडियन होटल्स कंपनी लिमिटेड	सितंबर-21	2,50,10,000	190.9	2.1	4,87,69,50,000 रु.

राकेश झुनझुनवाला : स्टॉक मार्केट फिलॉसफी

राकेश झुनझुनवाला खुद को ट्रेडर और लॉन्ग टर्म इन्वेस्टर दोनों मानते हैं। वे कहते हैं—

"अल्पकालिक व्यापार अल्पकालिक लाभ के लिए है। लॉन्ग टर्म ट्रेडिंग लॉन्ग टर्म कैपिटल फॉर्मेशन के लिए है। ट्रेडिंग वह है, जो आपको निवेश करने के लिए पूँजी देती है। मेरी ट्रेडिंग मेरे निवेश को इस अर्थ में भी मदद करती है कि मैं कई बार ट्रेडिंग के लिए बहुत सारे तकनीकी विश्लेषण का उपयोग करता हूँ।

अल्पकालिक व्यापार अल्पकालिक लाभ के लिए है। लॉन्ग टर्म ट्रेडिंग लॉन्ग टर्म कैपिटल फॉर्मेशन के लिए है। ट्रेडिंग वह है, जो आपको निवेश करने के लिए पूँजी देती है। मेरी ट्रेडिंग मेरे निवेश को इस अर्थ में भी मदद करती है कि मैं कई बार ट्रेडिंग के लिए बहुत सारे तकनीकी विश्लेषण का उपयोग करता हूँ।

जुनूनी निवेशक हमेशा शेयर बाजारों में पैसा कमाते हैं। अगर आप जुनून के साथ किसी काम को करेंगे तो आप कभी भी किसी भी काम में असफल नहीं होंगे।

यदि स्टॉक अधिक है तो मुझे बेचना चाहिए। लेकिन मेरे व्यापारिक कौशल मुझे बताते हैं कि स्टॉक अधिक मूल्यांकित रह सकता है या अधिक मूल्य प्राप्त कर सकता है। इसलिए मैं अपने निवेश पर कायम हूँ।

इसलिए, मुझे लगता है कि वे कई मायनों में एक-दूसरे के पूरक हैं; लेकिन वे पूरी तरह से दो अलग-अलग डिब्बे हैं।"

राकेश झुनझुनवाला भारत की बढ़ती अर्थव्यवस्था और एक उभरते बाजार के रूप में इसकी सफलता को लेकर बेहद आशावादी हैं। कुल मिलाकर, उनकी सफलता की कहानी वास्तव में नए और पुराने निवेशकों के लिए प्रेरणादायक है।

राकेश झुनझुनवाला भालू है या बैल?

राकेश झुनझुनवाला, जिन्हें भारत में 'बिग बुल' के नाम से भी जाना जाता है, वर्तमान में भारतीय अर्थव्यवस्था और भारतीय इक्विटी बाजार के दीर्घकालिक विकास पर बेहद उत्साहित हैं। हालाँकि, हर्षद मेहता के दिनों में राकेश झुनझुनवाला कभी भालू थे और उन्होंने हर्षद मेहता घोटाला 1992 के बाद शेयरों को छोटा करके बहुत पैसा कमाया। वह उस समय के दौरान मनु मानेक और आर.के. दमानी जैसे अन्य भालुओं के साथ भालू कार्टेल का हिस्सा थे।

> ***राकेश झुनझुनवाला ने सितंबर 2021 की तिमाही में तीन शेयरों—नाल्को, केनरा बैंक और इंडियाबुल्स रियल एस्टेट में प्रवेश किया। इससे पहले स्टील अथॉरिटी ऑफ इंडिया लिमिटेड या सेल (SAIL) एक और नई कंपनी थी, जिसमें बिग बुल राकेश झुनझुनवाला ने अप्रैल से जून 2021 की तिमाही में एक नई हिस्सेदारी खरीदी थी।***

झुनझुनवाला क्या खरीद रहे हैं?

राकेश झुनझुनवाला ने सितंबर 2021 की तिमाही में तीन शेयरों—नाल्को, केनरा बैंक और इंडियाबुल्स रियल एस्टेट में प्रवेश किया। इससे पहले स्टील अथॉरिटी ऑफ इंडिया लिमिटेड या सेल (SAIL) एक और नई कंपनी थी, जिसमें बिग बुल राकेश झुनझुनवाला ने अप्रैल से जून 2021 की तिमाही में एक नई हिस्सेदारी खरीदी थी। इसके अलावा, राकेश झुनझुनवाला ने एयरलाइन उद्योग में प्रवेश करने के लिए इस साल अकासा एयर में भी निवेश किया है।

राकेश झुनझुनवाला की दिसंबर तिमाही की होल्डिंग की डीटेल सामने आने लगी है। दिसंबर तिमाही में उन्होंने अपनी पसंद के बैंक शेयर फेडरल बैंक में अपनी हिस्सेदारी सितंबर तिमाही के बराबर बनाए रखी है। फेडरल बैंक में उन्होंने सितंबर तिमाही में हिस्सेदारी खरीदी

थी। फेडरल बैंक के शेयर की परफॉर्मेंस देखें तो बीते एक साल में 28 फीसदी से ज्यादा की तेजी आई है। राकेश झुनझुनवाला ऐंड एसोसिएट्स के पोर्टफोलियो में फिलहाल 37 शेयर हैं।

फेडरल बैंक में झुनझुनवाला का निवेश

बी.एस.ई. की वेबसाइट पर उपलब्ध फेडरल बैंक के दिसंबर 2021 तिमाही के शेयरहोल्डिंग पैटर्न के मुताबिक, राकेश झुनझुनवाला ऐंड एसोसिएट्स ने इस कंपनी में 3.7 फीसदी (7,57,21,060 शेयर) हिस्सेदारी बनाए रखी है। फेडरल बैंक में यह निवेश राकेश झुनझुनवाला की पर्सनल कैपेसिटी और उनकी पत्नी रेखा झुनझुनवाला के साथ है। आँकड़ों के मुताबिक, दिसंबर 2021 की तिमाही में राकेश झुनझुनवाला की फेडरल बैंक में होल्डिंग 2.64 फीसदी (5,47,21,060) और राकेश झुनझुनवाला ऐंड रेखा झुनझुनवाला की ज्वाइंट होल्डिंग 1.01 फीसदी (2,10,00,000) है। 12 जनवरी, 2022 को फेडरल बैंक में झुनझुनवाला की होल्डिंग की वैल्यू 730.3 करोड़ रुपए आँकी गई।

बी.एस.ई. की वेबसाइट पर उपलब्ध फेडरल बैंक के दिसंबर 2021 तिमाही के शेयरहोल्डिंग पैटर्न के मुताबिक, राकेश झुनझुनवाला ऐंड एसोसिएट्स ने इस कंपनी में 3.7 फीसदी (7,57,21,060 शेयर) हिस्सेदारी बनाए रखी है। फेडरल बैंक में यह निवेश राकेश झुनझुनवाला की पर्सनल कैपेसिटी और उनकी पत्नी रेखा झुनझुनवाला के साथ है।

फेडरल बैंक : शेयर में 1 साल में 28 फीसदी की तेजी

प्राइवेट सेक्टर के फेडरल बैंक की बीते एक साल की परफॉर्मेंस देखें तो शेयर में अभी तक 28 फीसदी से ज्यादा की तेजी आ चुकी है।

वहीं पिछले 5 साल में इस शेयर की बढ़त 35 फीसदी से ज्यादा रही है। 12 जनवरी, 2022 को ट्रेडिंग सेशन में फेडरल बैंक शेयर का भाव 98 रुपए रहा।

केनरा बैंक पर भी भरोसा

राकेश झुनझुनवाला के पास केनरा बैंक में 1.6 फीसदी हिस्सेदारी है। यह शेयर उनके पोर्टफोलियो में सितंबर तिमाही में ही शामिल हुआ है। सितंबर तिमाही में उन्होंने बैंक में 1.6 फीसदी स्टेक खरीदा था, जो दिसंबर तिमाही में भी बरकरार है। उनके पास बैंक के कुल 2,90,97,400 शेयर हैं, जिनकी करंट वैल्यू 648.9 करोड़ रुपए है। केनरा बैंक ने बीते 1 साल में निवेशकों को 61 फीसदी रिटर्न दिया है।

राकेश झुनझुनवाला के पास केनरा बैंक में 1.6 फीसदी हिस्सेदारी है। यह शेयर उनके पोर्टफोलियो में सितंबर तिमाही में ही शामिल हुआ है। सितंबर तिमाही में उन्होंने बैंक में 1.6 फीसदी स्टेक खरीदा था, जो दिसंबर तिमाही में भी बरक़रार है।

राकेश झुनझुनवाला के पोर्टफोलियो में शामिल फेडरल बैंक में कमाई का जबरदस्त मौका है। बिगबुल के पसंदीदा स्टॉक इस बैंक के मजबूत फंडामेंटल को देखते हुए ब्रोकरेज हाउस शेयर को लेकर बुलिश हैं। इसके अलावा भी सभी ब्रोकरेज हाउस इस बैंक के शेयर को लेकर पॉजिटिव हैं और टारगेट भी बढ़ा दिया है। ब्रोकरेज हाउस के अनुसार, मिड टियर प्राइवेट बैंकिंग सेक्टर में फेडरल बैंक मजबूत पोजीशन पर है। इसकी एसेट क्वालिटी में लगातार सुधार हो रहा है।

रिपोर्ट में बताया गया है कि मिड टियर प्राइवेट बैंकिंग सेक्टर में फेडरल बैंक बेहतर पोजीशन पर है। बैंक का कैपिटल भी कंफर्टेबल पोजीशन पर है। बैंक का नेटवर्क बेहतर है और जिस तरह से डिजिटल

पर फोकस बढ़ रहा है, यह भी एक अच्छा संकेत है। बैंक का फोकस हाई मार्जिन बिजनेस जैसे रिटेल प्रोडक्ट्स, कमर्शियल व्हीकल लोन, कंस्ट्रक्शन इक्यूपमेंट लोन, माइक्रो क्रेडिट, क्रेडिट कार्ड पर बढ़ा है। रेश्यो इंप्रूव हुआ है। मैनेजमेंट लेवल पर भी मजबूती आ रही है।

राकेश झुनझुनवाला की होल्डिंग वाला शेयर

राकेश झुनझुनवाला की होल्डिंग वाला ये स्टॉक मजबूत नंबरों के बाद ऊपर की ओर बढ़ने का इशारा कर रहा है। वहीं, शेयर बाजार के एक्सपट्‌र्स की मानें तो फेडरल बैंक ने मजबूत कारोबारी मोमेंटम दिखाया है और इसके शेयर आनेवाले समय में बड़ा उछाल दे सकते हैं। फेडरल बैंक ने मजबूत बिजनेस मोमेंटम दिखाया है, क्योंकि तिमाही आधार पर इसका एडवांसेस 3.4 फीसदी की वृद्धि के साथ 1,37,3091 करोड़ रुपए हो गया है।

> ***राकेश झुनझुनवाला की होल्डिंग वाला ये स्टॉक मजबूत नंबरों के बाद ऊपर की ओर बढ़ने का इशारा कर रहा है। वहीं, शेयर बाजार के एक्सपट्‌र्स की मानें तो फेडरल बैंक ने मजबूत कारोबारी मोमेंटम दिखाया है और इसके शेयर आनेवाले समय में बड़ा उछाल दे सकते हैं।***

रिपोर्ट की मानें तो तिमाही आधार पर डिपॉजिट 2.5 फीसदी की वृद्धि के साथ 1,68,743 करोड़ रुपए हो गए हैं; जबकि तिमाही आधार पर सी.ए.एस.ए. रेश्यो 135 बी.पी.एस. सुधरकर 36.16 फीसदी हो गया है। इस समय बिजनेस मोमेंटम में सुधार के साथ-साथ फेडरल बैंक के लिए एसेट क्वालिटी और क्रेडिट लागत में गिरावट की भी उम्मीद कर रहे हैं।

राकेश झुनझुनवाला की हिस्सेदारी

राकेश झुनझुनवाला के पास फेडरल बैंक में 3.7 फीसदी हिस्सेदारी

है। सितंबर तिमाही में उन्होंने 0.9 फीसदी हिस्सेदारी बढ़ाई है। उनके पास मौजूदा समय में कंपनी के 768.9 करोड़ वैल्यू के 7,57,21,060 शेयर हैं।

पोर्टफोलियो में अब 37 स्टेक

दिग्गज निवेशक राकेश झुनझुनवाला के पोर्टफोलियो में अब 39 से घटकर 37 शेयर रह गए हैं। दिसंबर तिमाही में उन्होंने टॉर्क लिमिटेड और द मंधाना रिटेल वेंचर्स में अपनी हिस्सेदारी बेच दी है। झुनझुनवाला पोर्टफोलियो की इन 37 शेयरों की 12 जनवरी, 2022 को नेटवर्थ 25,538.7 करोड़ रुपए से ज्यादा आँकी गई। झुनझुनवाला के पोर्टफोलियो पर स्टॉक मार्केट में निवेशकों की नजर रहती है।

राकेश झुनझुनवाला की पत्नी

राकेश झुनझुनवाला ने फरवरी 1987 में रेखा झुनझुनवाला से विवाह किया। उनकी एक बेटी और जुड़वाँ बेटे हैं। रेखा झुनझुनवाला 'रेयर एंटरप्राइजेज' की सह-स्वामिनी भी हैं, जो राकेश झुनझुनवाला की निजी स्वामित्व वाली स्टॉक ट्रेडिंग फर्म है।

राकेश झुनझुनवाला ने फरवरी 1987 में रेखा झुनझुनवाला से विवाह किया। उनकी एक बेटी और जुड़वाँ बेटे हैं। रेखा झुनझुनवाला 'रेयर एंटरप्राइजेज' की सह-स्वामिनी भी हैं, जो राकेश झुनझुनवाला की निजी स्वामित्व वाली स्टॉक ट्रेडिंग फर्म है।

राकेश झुनझुनवाला की एयरलाइन

राकेश झुनझुनवाला समर्थित एयरलाइन को 'अकासा एयर' के नाम से जाना जाता है। वह नवीनतम एयरलाइन के सह-संस्थापक हैं और इंडिगो के पूर्व अध्यक्ष आदित्य घोष के साथ कंपनी के 40 फीसदी के मालिक हैं, जिनकी अकासा एयर में 10 फीसदी हिस्सेदारी होगी।

एयरलाइन वर्ष 2022 की गरमियों में परिचालन शुरू करेगी और अल्ट्रा-लो-कॉस्ट घरेलू उड़ानों की योजना बना रही है।

राकेश झुनझुनवाला की प्रसिद्धि

राकेश झुनझुनवाला का पहला सफल निवेश सन् 1986 में टाटा टी में था, जहाँ उन्होंने उसके 5,000 शेयर 43 रुपए में खरीदे, जो बाद में तीन महीने में बढ़कर 143 रुपए हो गए, जिससे उन्हें तीन गुना से अधिक रिटर्न मिला। बाद में, उनके अन्य सफल निवेशों में टाटा पावर, सेसा गोवा (अब वेदांत लिमिटेड), प्राज इंडस्ट्रीज लिमिटेड आदि शामिल हैं, जो उन्हें भारतीय शेयर बाजार में प्रसिद्ध बनाते हैं।

राकेश झुनझुनवाला का पहला सफल निवेश सन् 1986 में टाटा टी में था, जहाँ उन्होंने उसके 5,000 शेयर 43 रुपए में खरीदे, जो बाद में तीन महीने में बढ़कर 143 रुपए हो गए, जिससे उन्हें तीन गुना से अधिक रिटर्न मिला।

राकेश झुनझुनवाला ने हर्षद मेहता के बारे में क्या कहा?

राकेश झुनझुनवाला के अपने शब्दों में, उन्होंने कहा कि हर्षद मेहता के समय में बाजार का मूल्यांकन अविश्वसनीय था। हालाँकि, राकेश झुनझुनवाला ने एक साक्षात्कार में यह भी माना है कि अगर हर्षद मेहता एक और महीने के लिए घोटाला करते रहते तो दिवालिया हो जाते।

दलाल स्ट्रीट के मुगल

झुनझुनवाला शुरू से ही जोखिम लेनेवाले थे। उन्होंने अपने भाई के ग्राहकों से पैसा उधार लिया और बैंक की सावधि जमा की तुलना में अधिक रिटर्न के साथ पूँजी वापस करने का वादा किया। उन्होंने सन् 1986 में अपना पहला बड़ा लाभ कमाया, जब उन्होंने टाटा टी के 5,000 शेयर 43 रुपए में खरीदे और तीन महीने के भीतर स्टॉक बढ़कर

143 रुपए हो गया। उन्होंने तीन गुना से अधिक लाभ कमाया। तीन वर्षों में उन्होंने 20 से 25 लाख रुपए कमाए।

राकेश झुनझुनवाला 3 अरब डॉलर की संपत्ति के साथ भारत के 48वें सबसे अमीर व्यक्ति हैं।

लोकोपकार

श्री झुनझुनवाला एक परोपकारी व्यक्ति भी हैं। उन्होंने कहा कि परमदाता ईश्वर है और यह हम पर एक कर्तव्य रखता है कि इस धन का उपयोग अच्छे सामाजिक उद्देश्यों के लिए किया जाए। अत: यह मेरे जीवन का उद्देश्य और महत्त्वाकांक्षा है कि मैं जो धन कमाता हूँ, उसका एक अच्छा हिस्सा अच्छे सामाजिक उद्देश्यों के लिए इस्तेमाल किया जाता है। मेरे पास एकमात्र निश्चित आय है, जो लाभांश आय है और मैं अपनी लाभांश आय का एक-तिहाई दान में खर्च करता हूँ और मुझे भविष्य में ऐसा करते रहने की उम्मीद है।

उनके परोपकारी पोर्टफोलियो में पोषण और शिक्षा शामिल है। वे सेंट जूड में योगदान देते है, जो कैंसर-पीड़ित बच्चों के लिए आश्रय चलाता है। अगस्त्य इंटरनेशनल फाउंडेशन और अर्पण—एक संस्था, जो बच्चों में यौन शोषण के बारे में जागरूकता पैदा करने में मदद करती है।

उनके परोपकारी पोर्टफोलियो में पोषण और शिक्षा शामिल है। वे सेंट जूड गें योगदान देते है, जो कैंसर-पीड़ित बच्चों के लिए आश्रय चलाता है। अगस्त्य इंटरनेशनल फाउंडेशन और अर्पण—एक संस्था, जो बच्चों में यौन शोषण के बारे में जागरूकता पैदा करने में मदद करती है। वे अशोक विश्वविद्यालय, फ्रेंड्स ऑफ ट्राइबल्स सोसाइटी और ओलंपिक गोल्ड क्वेस्ट का भी समर्थन करते हैं। वे नवी मुंबई में एक नेत्र अस्पताल बनाने की प्रक्रिया में हैं, जो 15,000 नेत्र शल्य चिकित्सा नि:शुल्क करेगा।

पेटू

राकेश झुनझुनवाला खान-पान के भी शौकीन हैं और चीनी व्यंजनों का सबसे अधिक आनंद लेते हैं। उन्हें कुकिंग शो देखना भी पसंद है।

विवाद

वर्ष 2020 में श्री झुनझुनवाला की सेबी (SEBI) द्वारा उनके और उनके परिवार के स्वामित्ववाली एक आई.टी. शिक्षा फर्म एपटेक के शेयरों में कथित अंदरूनी व्यापार के लिए जाँच की गई थी। बोर्ड ने 'कारण बताओ' नोटिस भेजकर कहा कि वह श्री झुनझुनवाला के बैंक खातों को फ्रीज करने जा रहा है। जाँच अधिकारी फरवरी 2016 और सितंबर 2016 के बीच की समयावधि देख रहे थे, जिसके दौरान उन्होंने कथित लाभ कमाया।

वर्ष 2020 में श्री झुनझुनवाला की सेबी (SEBI) द्वारा उनके और उनके परिवार के स्वामित्ववाली एक आई.टी. शिक्षा फर्म एपटेक के शेयरों में कथित अंदरूनी व्यापार के लिए जाँच की गई थी। बोर्ड ने 'कारण बताओ' नोटिस भेजकर कहा कि वह श्री झुनझुनवाला के बैंक खातों को फ्रीज करने जा रहा है।

मनपसंद

भोजन : डोसा
व्यंजन : चीनी
अभिनेता : अमिताभ बच्चन, आमिर खान
अभिनेत्री : वहीदा रहमान
फिल्म निर्माता : गुरु दत्त।

राकेश झुनझुनवाला के पास ये शेयर

राकेश झुनझुनवाला को अकसर भारत के वॉरेन बफे के रूप में

जाना जाता है। वह भारत के सबसे सफल निवेशकों में से एक हैं। उन्होंने सन् 1985 में 5,000 रुपए के साथ निवेश करना शुरू किया, जब बी.एस.ई. इंडेक्स 150 पर था। राकेश की निवेश प्राथमिकताओं में सही निर्णय, संभावित मल्टीबैगर में निवेश और जरूरत के अनुसार पोर्टफोलियो में बदलाव शामिल हैं। एक्सचेंजों द्वारा उपलब्ध जानकारी के अनुसार राकेश झुनझुनवाला के पास ये शेयर हैं। कुछ कंपनियों के लिए नवीनतम तिमाही परिणाम उपलब्ध नहीं हो सकते हैं, क्योंकि वे इसे बाद में दर्ज कर सकते हैं।

1. एग्रो टेक फूड्स लिमिटेड
2. अनंत राज लिमिटेड
3. एप्टेक लिमिटेड
4. बिलकेयर लिमिटेड
5. क्रिसिल लिमिटेड
6. डी.बी. रियल्टी लिमिटेड
7. डेल्टा कॉर्प लिमिटेड
8. एडलवाइस फाइनेंशियल सर्विसेज लिमिटेड
9. एस्कॉर्ट्स लिमिटेड
10. फर्स्टसोर्स सॉल्यूशंस लिमिटेड
11. फोर्टिस हेल्थकेयर लिमिटेड
12. जियोजित फाइनेंशियल सर्विरोज लिमिटेड
13. जी.एम.आर. इन्फ्रास्ट्रक्चर लिमिटेड
14. आयन एक्सचेंज (इंडिया) लिमिटेड
15. जुबिलेंट फार्मोवा लिमिटेड
16. करूर वैश्य बैंक लिमिटेड
17. ल्यूपिन लिमिटेड

18. मैन इन्फ्राकंस्ट्रक्शन लिमिटेड
19. मल्टी कमोडिटी एक्सचेंज ऑफ इंडिया लिमिटेड
20. एन.सी.सी. लिमिटेड
21. ओरिएंट सीमेंट लिमिटेड
22. प्रकाश इंडस्ट्रीज लिमिटेड
23. प्रकाश पाइप्स लिमिटेड
24. प्रोजोन इंटू प्रॉपटबज लिमिटेड
25. रैलिस इंडिया लिमिटेड
26. फेडरल बैंक लिमिटेड
27. मंधाना रिटेल वेंचर्स लिमिटेड
28. टाइटन कंपनी लिमिटेड
29. टी.वी.18 ब्रॉडकास्ट लिमिटेड
30. वी.आई.पी. इंडस्ट्रीज लिमिटेड
31. ऑटोलाइन इंडस्ट्रीज लिमिटेड
32. डिशमैन कार्बोजेन एमसिस लिमिटेड
33. इंडियन होटल्स कंपनी लिमिटेड
34. टाटा मोटर्स लिमिटेड
35. वी.ए. टेक वैबेग लिमिटेड
36. इंडियाबुल्स रियल एस्टेट लिमिटेड
37. टी.ए.आर.सी. लिमिटेड
38. टाटा कम्युनिकेशंस लिमिटेड
39. टाटा मोटर्स लिमिटेड—डी.वी.आर. साधारण
40. वॉकहार्ट लिमिटेड
41. जुबिलेंट इंग्रेविया लिमिटेड

42. नाजारा टेक्नोलॉजीज लिमिटेड
43. इंडियाबुल्स हाउसिंग फाइनेंस लिमिटेड
44. स्टील अथॉरिटी ऑफ इंडिया लिमिटेड
45. केनरा बैंक
46. नेशनल एल्युमीनियम कंपनी लिमिटेड
47. मेट्रो ब्रांड्स लिमिटेड
48. स्टार हेल्थ ऐंड एलाइड इंश्योरेंस कंपनी लिमिटेड।

□

राकेश झुनझुनवाला : दृष्टिकोण

राकेश झुनझुनवाला ने चार्टर्ड अकाउंटेंट की पढ़ाई पूरी करने के बाद अपने पिता से शेयर बाजार की दुनिया में जाने के लिए कहा था। उस समय उनके पिता ने पैसे देने से साफ इनकार कर दिया था, क्योंकि उन्हें पता था कि शेयर बाजार बच्चों का कोई खेल नहीं है। इसलिए उन्होंने राकेश को इस दुनिया में जाने के लिए पैसे नहीं दिए। कहा जाता है कि बाद में उनके पिता ने उनसे कहा कि तुम अपने दोस्तों से पैसे लो और शेयर बाजार में निवेश करो। ऐसा करते-करते कुछ समय बीत गया और राकेश अपनी जिद पर अड़े रहे कि उन्हें तो शेयर बाजार की दुनिया में ही जाना है और ऐसा करते हुए वर्ष 1985 आ गया। फिर उन्होंने शेयर बाजार में कदम रखा। राकेश झुनझुनवाला ने वर्ष 1985 में अपनी मेहनत की कमाई 5,000 रुपए जमा कर शेयर बाजार में छलाँग लगा दी और कुछ समय बाद जब उन्हें शेयर बाजार में पैसा कमाने का अच्छा अवसर नजर आया।

आनेवाले कुछ वर्षों में राकेश ने कई शेयरों से अच्छा मुनाफा कमाया। वर्ष 1986-89 के दौरान अपने अनुभव से उन्होंने 20 लाख रुपए से अधिक का लाभ कमाया। राकेश ने तेजी की उम्मीद के साथ शेयर बाजार में एक बड़ी राशि का निवेश किया और उनका यह अनुमान बिल्कुल सही साबित हुआ। बजट के बाद बाजार ने रफ्तार पकड़ी और राकेश झुनझुनवाला की नेटवर्थ सीधे 2 करोड़ रुपए से 40 से 50 करोड़

रुपए हो गई। उनका दृष्टिकोण बेहद सकारात्मक है, जैसे—

- अकसर लोग ज्यादा कीमत वाले शेयर को लेना पसंद करते हैं। लेकिन कंपनी का प्रदर्शन पिछले एक या पाँच साल में कैसा रहा है, यह देखना जरूरी है।
- अगर आप गलती करने से डरते हैं तो आप कभी सही निर्णय नहीं ले पाएँगे।
- अगर आपने पैसा कमाने का मन बना ही लिया है तो जरूरी नहीं कि बड़ी रकम से ही शुरुआत की जाए। आप छोटी शुरुआत से भी अमीर बन सकते हैं।
- अगर कोई कंपनी रेग्युलर बेसिस पर डिविडेंड दे रही है तो इसका मतलब है कि उस कंपनी के पास कैश की कोई कमी नहीं है।
- अगर धैर्य नहीं है तो यह बिजनेस करने में सबसे बड़ी गलती है।
- अगर शेयर में गिरावट आती है तो खरीदारी जारी रखें। इससे आपकी खरीद का औसत घट जाएगा।
- अपनी जड़ों को न भूलें।
- अपने आप को सरल रखें।
- आप अपनी गलतियों से ही सबकुछ सीख सकते हैं।
- आप लोगों को फॉलो न करें, बल्कि लोग आपको फॉलो करें।
- आपका रुख तेजी का होना चाहिए। बाजार की सबसे ज्यादा कमाई तेजी का रुख बनाए रखने से होती है।
- एक निवेशक को हमेशा गिरगिट की तरह होना चाहिए। उसे अपने आप पर विश्वास होना चाहिए और सही समय पर सही

निवेश करके उस निवेश को जकड़े रहना चाहिए।

- कंपनी के शेयर की कीमत यह तय नहीं करती कि आपको उसमें निवेश करना चाहिए या नहीं; बल्कि कंपनी की वैल्यू ज्यादा महत्त्व रखती है।
- किसी एक शेयर में पैसा लगाते वक्त अपनी निवेश राशि को हिस्सों में बाँट लें और समय-समय पर खरीदारी करें।
- कुल धनराशि को कई हिस्सों में बाँट लें और धीरे-धीरे खरीदारी करें।
- गलतियों से सीखें। वे आपको बहुत आगे तक ले जा सकती हैं।
- चाहे कोई देख रहा हो या नहीं, लेकिन मैं अपनी हर हरकत को लेकर हमेशा जुनूनी रहता हूँ।
- छोटी अवधि में ही मुनाफा कमाने के बजाय निवेश को कई गुना बढ़ने के लिए समय देना चाहिए।
- छोटे-छोटे निवेश से ही बड़ा फंड तैयार होता है; लेकिन शेयर बाजार में सही रणनीति और सही ढंग से पैसा लगाने पर ही रिटर्न मिलता है।
- जीवन में मेरा उद्‌देश्य वह करना है, जो मुझे पसंद है और जो मैं करता हूँ, उसका आनंद लेना है।
- ज्यादा रिटर्न के लालच गें न पड़ें। अगर आपको 15 से 20 फीसदी रिटर्न दिख रहा है तो निवेश करें।
- ट्रेडिंग आपको हमेशा अपने पैरों पर खड़ा करती है। यह आपको सतर्क रखती है।
- ट्रेडिंग में रफ्तार होती है। यह ले फटाफट और दे फटाफट, मारो और भागो के तर्ज पर होती है। हर कोई ट्रेडिंग से पैसा

कमाना चाहता है, मगर यह संभव नहीं है। मैंने भी पैसा गँवाया है।

- ट्रेडिंग में हम रोज गलतियाँ करते हैं।
- तंत्र का दुरुपयोग हर बाजार का हिस्सा है।
- तेजी में सबका बोलबाला, मंदी में सबका मुँह काला।
- दूसरों को दोष देने से पहले आप अपनी खुद की गलतियों से सीखें।
- निवेश करने से पहले यह भी देख लें कि किस कंपनी पर ऋण कम है।
- अच्छे निवेश के लिए जुनून जरूरी है।
- बाजार आर्थिक सच्चाई और बुनियादी बातों को दरशाते हैं।
- बाजार कभी गलत या सही नहीं होता। गलत या सही होते हैं हम और आप।
- बाजार काम करता है। वे समाज के निर्माण के लिए सबसे अच्छे तंत्र हैं।
- बाजार में पैसे को मेच्योर होने का समय दें। थोड़ा इंतजार जरूर करना पड़ेगा, लेकिन रिटर्न निश्चित मिलेगा।
- बाजारों में मत आओ या अपने किए पर पछतावा मत करो।
- भारत में कोई भी सुधार करना आसान नहीं है।
- मार्केट में निवेश के लिए हर वक्त सही वक्त होता है।
- मुझे बाजार के बारे में जानने की चिंता, जिज्ञासा और उत्सुकता महसूस होती है। यह काफी सामान्य है।
- मुनाफा कमाने की चाह अच्छी है; लेकिन नियम यह कहता है कि थोड़ा-थोड़ा निवेश ही बेहतर रिटर्न की गारंटी देता है।
- मेरी पत्नी के अलावा मेरा कोई क्लाइंट नहीं है, क्योंकि मैं

किसी के प्रति जवाबदेह नहीं बनना चाहता।

- मैं कानून का अक्षरश: पालन करता हूँ। अब अगर सरकार को हर चीज की जाँच करने का अधिकार है, चाहे हम इसे पसंद करें या नहीं, हमें इसे स्वीकार करना होगा और वह जीवन का हिस्सा है।
- मैं कोई रिले रेस नहीं दौड़ रहा हूँ। मैं किसी के साथ किसी चूहे की दौड़ में नहीं हूँ और न मैं किसी से ज्यादा अमीर बनना चाहता हूँ या मैं सबसे अमीर आदमी बनना चाहता हूँ।
- मैं जुनूनी हूँ। पता नहीं मैं दार्शनिक हूँ या नहीं, मैं निश्चित रूप से चौकस हूँ।
- मैं निडर हूँ। मुझे इस बात की परवाह नहीं है कि लोग क्या सोचते हैं। मुझे केवल अपने कर्मों की चिंता है।
- मैं मशहूर होने के लिए किसी बाजार में नहीं जाना चाहता। मैं वहाँ पैसा कमाने जाना चाहता हूँ।
- मैं लंबे समय तक निवेश रखता हूँ, क्योंकि समय ने मुझे सिखाया है कि हमें लालची होना चाहिए, लंबे समय तक लालची। इसलिए जब आपके पास कुछ अच्छा हो तो उससे चिपके रहें।
- मैं वही कर रहा हूँ, जिसे करने में मुझे आनंद आता है।
- वह बनने की चेष्टा न करें, जो आप नहीं हैं।
- व्यापार और निवेश में निर्णय बहुत ही अकेले निर्णय होते हैं और मैं निश्चित रूप से किसी से बात किए बिना व्यापार कर सकता हूँ।
- शेयर मार्केट में अगर कंपनी अच्छा प्रदर्शन कर रही है तो जरूरी नहीं कि वह आपको अच्छा रिटर्न ही देगी।

- शेयर मार्केट में निवेश बैंकों की तरह हमेशा सुरक्षित नहीं होता। यहाँ बड़ा रिटर्न है तो रिस्क भी है। इसलिए जरूरी है कि आप कंपनी की पूरी जानकारी लेने के बाद ही पैसा लगाएँ।
- सफल बनना चाहते हैं तो जीवन में निर्णय लेने की आवश्यकता होगी।
- सबसे अच्छे समय में ही आप सबसे बड़ी गलतियाँ करते हैं।
- सभ्यता का स्वाँग न करें।
- सही समय पर सही शेयर खरीदो और उसे जकड़कर रखो।
- स्टॉक मार्केट में निवेश सीखने का सबसे अच्छा तरीका है—अनुभव, और अनुभव गलतियों से मिलता है।

□

आकासा एयर में निवेश

राकेश झुनझुनवाला, जिन्हें अपने सफल स्टॉक निवेश के लिए 'भारत के वॉरेन बफे' के रूप में जाना जाता है, ने घरेलू हवाई यात्रा की माँग को पूरा करने के लिए इंडिगो के पूर्व अधिकारी आदित्य घोष और विनय दुबे के साथ साझेदारी की, फलत: 'आकासा एयर ब्रांड' नाम से एस.एन. वी. एविएशन प्राइवेट लिमिटेड भारतीय विमानन सेक्टर में उतर रही है। नगर विमानन मंत्रालय ने 11 अक्तूबर, 2021 को भारत में आकासा एयर के परिचालन के लिए अनापत्ति प्रमाण-पत्र (एन.ओ.सी.) दिया।

राकेश झुनझुनवाला समर्थित आकासा एयर अप्रैल-मई 2022 तक ऑपरेशन आरंभ कर सकती है। आकासा के संस्थापक, एम.डी. और सी.ई.ओ. विनय दुबे का कहना है कि आकासा अल्ट्रा लो कॉस्ट कैरियर नहीं, बल्कि लो कॉस्ट कैरियर होगी, यानी यह एक सस्ती एयरलाइन होगी।

नगर विमानन मंत्रालय के अनापत्ति प्रमाण-पत्र (एन.ओ.सी.) के बाद कंपनी ने ए.ओ.पी. के लिए अप्लाई किया। आकासा एयर ब्रांड नाम से एस.एन.वी. एविएशन प्राइवेट लिमिटेड भारतीय विमानन सेक्टर में उतर रही है।

आकासा की फ्लाइट्स में गरम खाने के लिए ओवन नहीं होंगे। यात्रियों को पैक्ड उपमा/नूडल्स/पोहा/बिरयानी खाने से कुछ मिनट पहले गरम पानी में रखने की आवश्यकता होगी। एयरलाइन के पास सुविधाजनक यात्रा के लिए कुछ सरप्राइजेज होंगे, जो आकासा को उसकी श्रेणी में किसी और से आगे ले जाते हैं। आकासा के लिए पायलट, केबिन क्रू और एयरपोर्ट स्टाफ जैसे कर्मियों की भर्ती प्रक्रिया पूरी हो चुकी है।

दुबे के अनुसार, हम एक किफायती एयरलाइन बनना चाहते हैं और वह हमारा बिजनेस मॉडल है। हमारे पास एक ही प्रकार का विमान होगा,

सीटों की एक ही श्रेणी होगी, बिजनेस क्लास नहीं होगा तथा प्रीमियम अर्थव्यवस्था नहीं होगी। हमारे पास हमारी श्रेणी के अन्य लोगों की तरह बाई ऑन बोर्ड होगा।

आकासा को 15 अप्रैल, 2022 के बाद अपना पहला बोइंग 737 मैक्स प्राप्त होने जा रहा है और उसकी पहली वाणिज्यिक उड़ान मई के अंत या जून की शुरुआत में होनी चाहिए। मार्च 2023 के अंत तक आकासा के पास 18 विमान होंगे। उसके बाद अगले चार वर्षों में सालाना 12–14 मैक्स को शामिल करेंगे, जिससे उसका फ्लीट (ऑर्डर) 72 हो जाएगा। आकासा एयर ब्रांड के पास अगले साल के गरमियों तक 20 एयरक्राफ्ट होंगे। यह 0/20 नियम (कोई आयु सीमा नहीं, बल्कि 20 विमानों का न्यूनतम बेड़ा) को पूरा करने पर विदेशी उड़ान भरने के अधिकारों के लिए तुरंत आवेदन करेगी। अनुमति मिलते ही खाड़ी, सार्क और दक्षिण–पूर्व एशिया जैसे स्थानों के लिए उड़ान भरना शुरू कर देगी।

ऑनबोर्ड वाईफाई पर अंतिम फैसला होना अभी बाकी है और इन-सी चार्ज को लेकर समय के साथ खुलासा किया जाएगा। आकासा का प्रधान कार्यालय मुंबई में होगा, हालाँकि आकासा एयरलाइन विभिन्न हवाई अड्डा ऑपरेटरों के साथ बातचीत कर रही है, ताकि चेक–इन काउंटर, पार्किंग स्लॉट और कार्यालय की जगह की उपलब्धता के आधार पर प्राथमिक केंद्र तय किया जा सके।

आकासा का प्रधान कार्यालय मुंबई में होगा, हालाँकि आकासा एयरलाइन विभिन्न हवाई अड्डा ऑपरेटरों के साथ बातचीत कर रही है, ताकि चेक-इन काउंटर, पार्किंग स्लॉट और कार्यालय की जगह की उपलब्धता के आधार पर प्राथमिक केंद्र तय किया जा सके।

आकासा एयर मेट्रो–टू–मेट्रो नहीं, बल्कि मेट्रो से टियर–2 शहरों पर ध्यान केंद्रित रहेगा। मुंबई एयरपोर्ट, बेंगलुरु एयरपोर्ट, दिल्ली एयरपोर्ट, जी.एम. आर. ग्रुप, अडानी ग्रुप और ए.ए.आई. के साथ उसकी बातचीत चल रही है। ऐसे में यह कहना मुश्किल है कि उसकी फोकस सिटी कौन सी होगी। उसे अभी भी स्लॉट, पार्किंग वे, चेक–इन काउंटरों की समझ विकसित करने की

आवश्यकता है और यह अभी भी चल रहा है। आकासा का कहना है कि वह मुंबई की सेवा करना पसंद करेंगे, क्योंकि वह उनके लिए घर और मुख्यालय है और इसे अपने नेटवर्क के एक बड़े हिस्से के रूप में रखना पसंद करेंगे।

अकासा एयर के संस्थापक दल

विनय दुबे : संस्थापक, प्रबंध निदेशक और मुख्य कार्यकारी अधिकारी

आदित्य घोष : सह-संस्थापक

प्रवीण बी. अय्यर : सह-संस्थापक और मुख्य वाणिज्यिक अधिकारी

बेल्सन कॉटिन्हो : सह-संस्थापक और मुख्य विपणन अधिकारी

आनंद श्रीनिवासन : सह-संस्थापक और मुख्य सूचना अधिकारी

भाविन जोशी : सह-संस्थापक और एस.वी.पी. लीजिंग ऐंड प्रोक्योरमेंट

नीलू खत्री : सह-संस्थापक और एस.वी.पी. कॉरपोरेट अफेयर्स

संजय दुबे : सह-संस्थापक

नीरज दुबे : सह-संस्थापक

आकासा से संबद्ध दुबे जेट एयरवेज के पूर्व सी.ई.ओ. हैं, जबकि इंडिगो के साथ एक दशक बितानेवाले आदित्य घोष को इंडिगो की शुरुआती सफलता का श्रेय दिया जाता है।

आकासा एयर का विजन आठ से नीचे के मूल्यों के साथ भारत में सबसे भरोसेमंद एयरलाइन बनना है।

ब्रांडिंग

22 दिसंबर, 2021 को अकासा एयर ने 'द राइजिंग ए थीम' पर अपने 'ब्रांड लोगो' और पहचान का अनावरण किया। आकासा के तत्त्व अपने लोगों को प्रेरित करते हैं। यह नीचे दी गई तीन चीजों का प्रतीक है—

- सूरज की गरमी,
- एक पक्षी की सहज उड़ान,
- एक विमान विंग की निर्भरता।

ब्रांड टैगलाइन है—'इट्स योर स्काई', जो समावेशी ब्रांड अनुभव की याद दिलाती है कि आकासा सभी को गले लगाता है।

भारत के अरबपति व्यापारी राकेश झुनझुनवाला ने कैरियर में 40 प्रतिशत हिस्सेदारी के लिए 35 मिलियन डॉलर का निवेश किया है।

बेड़ा

16 नवंबर, 2021 को अकासा एयर ने 72 बोइंग, 737 मैक्स विमानों का ऑर्डर दिया, जिनकी कीमत लगभग 9 अरब डॉलर थी। ऑर्डर में 737 मैक्स 8 और उच्च क्षमतावाले 737 मैक्स 200 वेरिएंट शामिल हैं।

□

विनिवेश का ट्रैक पर आना जरूरी : झुनझुनवाला

सवाल : एयर इंडिया का विनिवेश उड्डयन में काफी बड़ा फैसला है। टाटा ने इसे खरीदा है और विनिवेश अपने ट्रैक पर है तो मार्केट के लिए इसका क्या मतलब है ?

झुनझुनवाला : इस बार यह ट्रैक पर है। मुझे लगता है कि बी.पी. सी.एल., एल.आई.सी., कंटेनर कॉरपोरेशन, शिपिंग कॉरपोरेशन। मैं समझता हूँ कि अभी से लेकर 31 मार्च, 2022 तक 8 से 10 महत्त्वपूर्ण विनिवेश होने जा रहे हैं। इसमें एल.आई.सी. भी शामिल होगा। एल.आई. सी. स्ट्रैटजिक नहीं होगा। मुझे लगता है कि सरकार इस विषय पर काफी गंभीर है और बोली लगानेवालों में भी काफी दिलचस्पी है।

सवाल : आप जब प्रधानमंत्री से मिले तो कई तरह की बातें चलीं। तसवीरें वायरल हो गईं। एक स्टॉक ब्रोकर प्रधानमंत्री से क्यों मिल रहा है ?

झुनझुनवाला : मैं एक बात स्पष्ट बता दूँ—मैं 15 लाख मिलियन डॉलर ब्रोकरेज हर साल चुकाता हूँ तो मैं ब्रोकर नहीं हूँ। मैं खुद 15 लाख मिलियन डॉलर ब्रोकरेज देता हूँ। ठीक है, तो मैं ब्रोकर नहीं हूँ और प्रधानमंत्री मुझसे क्यों मिले, यह आप उनसे पूछिए। मैं नहीं जानता कि वे मुझसे क्यों मिले !

सवाल : कई साल पहले आपने कहा था कि लोकतंत्र भारत में तरक्की की सबसे बड़ी बाधा है, आपके इस बयान पर काफी टीका-टिप्पणी की गई ?

झुनझुनवाला : मैंने कभी ऐसी बात नहीं कही होगी, अगर आप इतिहास को पलटकर देखें तो जिन समाजों ने जीवन में समृद्धि हासिल की है और उसे बनाए रखा है, उनमें दो खूबियाँ होती हैं—कौशल और लोकतंत्र। जीवन में मैंने यह बात हमेशा कही है और लोकतंत्र व्यस्तता पैदा करता है। यह लोगों को सोचने की शक्ति देता है। यह मानसिक रूप से विकसित लोगों को कदम उठाने की ताकत देता है, अगर कोई मुझे 20 मिलियन डॉलर देता है तो मैं अपने बच्चों को सिंगापुर में नहीं पढ़ाऊँगा, लेकिन मैं चाहूँगा कि वे पूछें—क्यों? टेनिस कोर्ट और स्वीमिंग पूल जरूरी नहीं हैं। अपने बच्चों का दिमाग विकसित करना जरूरी है। पहले ही दिन से उन्हें विद्रोही होना चाहिए, यह लोकतंत्र है और दूसरी चीज है कौशल। इसलिए मैं समझता हूँ कि हमारे लोकतंत्र की जड़ें गहरी हैं। 1989 से 2014, अर्थात् 20 साल तक देश में गठबंधन की सरकारें चलीं और मैं एक बात आप से कह दूँ कि सूचना का अधिकार एक कानून है और मैं प्रेस के लोगों की तारीफ करूँगा कि उनसे कई चीजों पर हम सहमत न हों, लेकिन हमारी प्रेस आजाद है। इसलिए मैंने ऐसा कभी नहीं कहा है। लोकतंत्र तो सबसे ज्यादा जरूरी है। देखिए, होता क्या है कि जब आदमी भूखा-नंगा है, उसके पास खाने को नहीं है तो उसके लिए डेमोक्रेसी और डिक्टेटरशिप का फर्क नहीं होता। आप देखो न, चीन में क्या हो रहा है? पेट भर जाता है, मीट खाता है, 15 हजार डॉलर पर कैपिटा हो

मैंने कभी ऐसी बात नहीं कही होगी, अगर आप इतिहास को पलटकर देखें तो जिन समाजों ने जीवन में समृद्धि हासिल की है और उसे बनाए रखा है, उनमें दो खूबियाँ होती हैं—कौशल और लोकतंत्र। जीवन में मैंने यह बात हमेशा कही है और लोकतंत्र व्यस्तता पैदा करता है। यह लोगों को सोचने की शक्ति देता है।

जाता है तो उसे आजादी चाहिए। हमें पता नहीं कि चीन में किस प्रकार का सामाजिक उपद्रव पैदा होगा और एक कारण, जिसकी वजह से वे उसे कम नहीं होने देना चाहते, क्योंकि वे सामाजिक उपद्रव नहीं चाहते। उन्हें पता है कि जैसे ही विकास की गति कम होगी, सामाजिक उपद्रव हो जाएगा। आप कोरिया को देखिए, ताइवान को देखिए, वहाँ तब तक तानाशाही रही, जब तक कि वे समृद्ध नहीं हो गए, मगर उसे बनाए रखना होगा। देखिए, भारत के पास अंतर्निहित संपत्तियाँ हैं। वर्ष 1640 में दुनिया की पूरी जी.डी.पी. का 35 फीसदी हिस्सा हमारा था और जब अंग्रेज यहाँ से गए तो यह 2 फीसदी था। आज यह 7 फीसदी है। इसलिए मैं बुलिश हूँ और मैं स्टॉक मार्केट को लेकर बुलिश हूँ।

भारत के पास अंतर्निहित संपत्तियाँ हैं। वर्ष 1640 में दुनिया की पूरी जी.डी.पी. का 35 फीसदी हिस्सा हमारा था और जब अंग्रेज यहाँ से गए तो यह 2 फीसदी था। आज यह 7 फीसदी है। इसलिए मैं बुलिश हूँ और मैं स्टॉक मार्केट को लेकर बुलिश हूँ।

आप जानते हैं कि 2008 में कॉरपोरेट का हिस्सा जी.डी.पी. का 8 फीसदी था। 2019-20 में यह 3 फीसदी था। अमेरिका में कॉरपोरेट जी.डी.पी. का 11 फीसदी है।

सवाल : अभी हम 16,000 पर हैं, तो क्या टारगेट है? क्या आपको लगता है कि अगले 15 वर्षों में भारत चीन के बराबर आ जाएगा?

झुनझुनवाला : देखिए, जब मैं 4-5 पैग पीकर लेट जाता हूँ तो मालूम है, रेखा गुस्सा होनेवाली है। कितना गुस्सा होनेवाली है क्या मालूम? हम दिशा जान सकते हैं, मात्रा नहीं जान सकते।

सवाल : कुछ तो बता दीजिए, जैसे अगले साल, अगले दो सालों में?

झुनझुनवाला : मुझे नहीं पता। देखिए, सेंसेक्स एक दिन 5 लाख

पर होगा, लेकिन मैं नहीं जानता कि वह दिन कितने वर्षों बाद आएगा? लेकिन मैं बुलिश हूँ। हम ऐसी स्थिति में हैं, जहाँ तक आर्थिक रूप से भारत कभी नहीं पहुँचा था। हम ऐसे देश में रह रहे हैं, जहाँ एक ट्रिलियन डॉलर की बचत है। यह इतना सही है कि मैं जमीन को लेकर बुलिश रहता हूँ कि अगर जमीन लूँगा तो इधर जाऊँगा, उधर जाऊँगा, संडे जाऊँगा, मंडे जाऊँगा, जमीन देखूँगा। इससे अच्छा है कि सीधा डी.एल. एफ. खरीद लो। अतः जब बाजार आपको सुविधा दे रहा है तो लोग निवेश क्यों नहीं करेंगे।

□

साक्षात्कार-1

राकेश झुनझुनवाला एक भारतीय व्यवसायी हैं, जिन्हें भारतीय शेयर बाजार के 'द बिग बुल' या 'फीनिक्स' के नाम से जाना जाता है। उन्होंने अपनी यात्रा की शुरुआत मात्र 5,000 रुपए की पूँजी से की और लगभग 19,000 करोड़ रुपए के साम्राज्य का निर्माण किया। राकेश ने अपने पिता द्वारा अपने दोस्तों के साथ विभिन्न शेयरों पर चर्चा करने के बाद बहुत कम उम्र में शेयर बाजार में रुचि विकसित की। प्रस्तुत है, उनके साथ एक सुदीर्घ साक्षात्कार।

सवाल : सुबह के 9 बज रहे हैं और हम बॉम्बे स्टॉक एक्सचेंज (बी.एस.ई.) के बाहर हैं। जब आप इस सड़क से गुजरते हैं तो क्या आप भावुक महसूस करते हैं? यहीं से आपने करीब 35 साल पहले अपने कॅरियर की शुरुआत की थी।

राकेश झुनझुनवाला : मैं आपको बता सकता हूँ, मैंने यहाँ सन् 1985 में शुरुआत की थी। मैं यहाँ बहुत से लोगों को जानता हूँ। मेरा यहाँ कोई कार्यालय नहीं था; मैं यहाँ बैग लेकर आता था। हमें रिंग में प्रवेश करने के लिए टिकट मिलता था। मुझे अनुमति नहीं मिली, इसलिए मैं रिंग के बाहर खड़ा होकर ट्रेडिंग होते देखता था और इसी तरह मैंने सीखा। मुझे याद है कि मैंने कैसे संघर्ष किया और कैसे पैसे जुटाए। यह बहुत खुशी का क्षण है। यहाँ एक समोसेवाला था। वहीं बगीचे में हम समोसे खाते थे।

बी.एस.ई. में एक बम-विस्फोट हुआ था। मैं विस्फोट के दिन रिंग में था। यहाँ दो समोसेवालों की मौत हो गई थी। हमारे पास रिंग से 12 निकास थे। बम-विस्फोट के बाद बहुत दहशत थी। मैं भगदड़ से डर गया और चिल्लाता रहा, "चिंता मत करो, अगर हम मर गए तो हम एक साथ मरेंगे। केवल अपने आप को बचाने की कोशिश मत करो।" और मैंने गैलरी रिंग में एक दृश्य देखा। शीशा टूट गया और एक व्यक्ति का सिर रिंग में कट गया। उस दिन की बहुत ही ज्वलंत और दुःखद यादें। लेकिन यह स्ट्रीट वाकई मुझे याद दिलाती है कि मैं यहाँ कैसे आया करता था।

बी.एस.ई. में एक बम-विस्फोट हुआ था। मैं विस्फोट के दिन रिंग में था। यहाँ दो समोसेवालों की मौत हो गई थी। हमारे पास रिंग से 12 निकास थे। बम-विस्फोट के बाद बहुत दहशत थी। मैं भगदड़ से डर गया और चिल्लाता रहा, "चिंता मत करो, अगर हम मर गए तो हम एक साथ मरेंगे। केवल अपने आप को बचाने की कोशिश मत करो।"

सवाल : सभी ने देखा कि कैसे मुंबई स्टॉक एक्सचेंज विस्फोट के बाद इतनी जल्दी अपने पैरों पर वापस आ गया था। अब क्या पैसा बनाने के बारे में, व्यापार और व्यापार के बारे में कुछ ऐसा है, जो इस अस्तित्व की प्रवृत्ति से जुड़ा हुआ है?

राकेश झुनझुनवाला : आप जानते हैं, ट्रेडिंग आपको हमेशा अपने पैरों पर खड़ा करती है। यह आपको सतर्क रखती है। यही एक कारण है कि मुझे व्यापार करना पसंद है।

सवाल : जीवन के ऐसे कौन से दृष्टिकोण हैं, जो आपको अपने पेशे से मिले हैं?

राकेश झुनझुनवाला : पहली चीज जो मैंने सीखी है, वह यह है

कि बाजार काम करता है। वे समाज के निर्माण के लिए सबसे अच्छे तंत्र हैं।

सवाल : आप जो करते हैं, उसके बारे में आप दार्शनिक हैं, है न?

राकेश झुनझुनवाला : जुनूनी हूँ। पता नहीं मैं दार्शनिक हूँ या नहीं। मैं निश्चित रूप से चौकस हूँ।

सवाल : द इंडिया शाइनिंग स्टोरी, क्या आप उस कहानी का चेहरा हैं, राकेश झुनझुनवाला?

राकेश झुनझुनवाला : ठीक है, यह मेरे कहने के लिए नहीं है। मैंने सूचकांक 150 पर बाजार में प्रवेश किया। आज सूचकांक 12,000 पर है। यह अस्सी गुना है। आप जानते हैं, मैं भी विदेश जा सकता था। मैं एक योग्य चार्टर्ड एकाउंटेंट हूँ। मैं प्रैक्टिस कर सकता था। यह एक सच्चाई है कि सन् 1985 में भारत में शेयर बाजारों में शुरुआत करनेवाला व्यक्ति सफलता के साथ मिल सकता है, जो यहाँ उपलब्ध अवसरों की मात्रा के बारे में बताता है।

> *यह मेरे कहने के लिए नहीं है। मैंने सूचकांक 150 पर बाजार में प्रवेश किया। आज सूचकांक 12,000 पर है। यह अस्सी गुना है। आप जानते हैं, मैं भी विदेश जा सकता था। मैं एक योग्य चार्टर्ड एकाउंटेंट हूँ। मैं प्रैक्टिस कर सकता था।*

सवाल : आज आपके द्वारा उठाया गया प्रत्येक कदम, आपके द्वारा किए गए प्रत्येक निवेश, आपके द्वारा अपना पैसा लगानेवाले प्रत्येक स्टॉक को ट्रैक किया जाता है। ऐसे लोग हैं, जो बैंड-बाजे के साथ कूदते हैं, चाहे आप इसे पसंद करें या नहीं। क्या यह आप पर दबाव डालता है?

राकेश झुनझुनवाला : देखिए, मेरी पत्नी के अलावा मेरा कोई क्लाइंट नहीं है, क्योंकि मैं किसी के प्रति जवाबदेह नहीं बनना चाहता। लेकिन उसके साथ मेरे पास कोई विकल्प नहीं है।

सवाल : क्या यह प्रदर्शन आप पर दबाव डालता है ? जैसे अगर मैं एक क्रिकेटर या सॉकर खिलाड़ी हूँ और अगर मैं अच्छा प्रदर्शन करना शुरू करता हूँ तो हमेशा एक उम्मीद होती है कि जब भी मैं बल्लेबाजी के मैदान में जाऊँगा, मैं 100 रन बनाऊँगा ?

राकेश झुनझुनवाला : चाहे कोई देख रहा हो या नहीं, लेकिन मैं अपनी हर हरकत को लेकर हमेशा जुनूनी रहता हूँ और मेरे कार्यों के सफल होने की संभावना, मान लीजिए कि पाँच साल पहले या दस साल पहले या आज मेरे पास जितने बेहतर अनुभव हैं, उतना ही बेहतर है। मैं निडर हूँ। मुझे इस बात की परवाह नहीं है कि लोग क्या सोचते हैं। मुझे केवल अपने कर्मों की चिंता है।

> ***चाहे कोई देख रहा हो या नहीं, लेकिन मैं अपनी हर हरकत को लेकर हमेशा जुनूनी रहता हूँ और मेरे कार्यों के सफल होने की संभावना, मान लीजिए कि पाँच साल पहले या दस साल पहले या आज मेरे पास जितने बेहतर अनुभव हैं, उतना ही बेहतर है। मैं निडर हूँ।***

सवाल : जब बात किसी ऐसे व्यक्ति की आती है, जो शेयर बाजार में सफल होता है तो आप एक आदर्श होते हैं। क्या बहुत सारे बंटी और बबली हैं, जो राकेश बनना चाहते हैं? झुनझुनवाला, आपको लगता है ?

राकेश झुनझुनवाला : मुझे बहुत से लोगों के मेल्स मिलते हैं, जो कहते हैं कि वे बाजारों में निवेश करना चाहते हैं और मेरे कॅरियर की राह पर चलना चाहते हैं। मैंने क्या किया, वे जानना चाहते हैं।

सवाल : साधारण निवेशक, सेवानिवृत्त लोग। क्या आपको लगता है कि कोई समझ है कि वे शिक्षित होना चाहते हैं या वे सिर्फ जल्दी पैसा कमाना चाहते हैं ?

राकेश झुनझुनवाला : देखिए, बाजार पैसे का होता है; लेकिन बाजार भी ज्ञान का होता है। बाजार भी अहंकार के बारे में है। बाजार सही

साबित होने की संतुष्टि के बारे में भी है। खासकर तब, जब वह अधिकार किसी मूल विचार से हो, न कि किसी निर्देशित स्रोत से या किसी का अनुसरण करने से। इसलिए मुझे बाजार के बारे में जानने की चिंता, जिज्ञासा और उत्सुकता महसूस होती है। यह काफी सामान्य है, लेकिन बाजार के बाजार होने के कारण मेरी राय में क्षमता काफी सीमित है।

सवाल : लोभ और भय—आपने कहा कि दो लक्षण हैं, जिन्हें संतुलित करना होगा। कोई उन्हें कैसे संतुलित करता है? हमें एक किस्सा बताएँ, जहाँ आपको इसे संतुलित करना था।

राकेश झुनझुनवाला : ऐसा ही है। मान लीजिए, मैं टाइटन में निवेश करता हूँ। मैंने 'यू' नंबर के शेयर खरीदे। मैं बेहद बुलिश था, है न? और आप जानते हैं, अगर मैं अपनी संपत्ति का एक निश्चित प्रतिशत से अधिक टाइटन में डालता तो मैं लालची होता और मैंने इसे इस डर से नहीं किया कि टाइटन अच्छा न करे। मैं अपना प्रिंसिपल खो सकता हूँ।

ऐसा ही है। मान लीजिए, मैं टाइटन में निवेश करता हूँ। मैंने 'यू' नंबर के शेयर खरीदे। मैं बेहद बुलिश था, है न? और आप जानते हैं, अगर मैं अपनी संपत्ति का एक निश्चित प्रतिशत से अधिक टाइटन में डालता तो मैं लालची होता और मैंने इसे इस डर से नहीं किया कि टाइटन अच्छा न करे। मैं अपना प्रिंसिपल खो सकता हूँ।

सवाल : ए.सी.सी. के बारे में क्या? आपने ए.सी.सी. को वास्तव में पहले की तुलना में बहुत कम पर बेचा?

राकेश झुनझुनवाला : बाजारों के बारे में कहते हैं, या तो बाजारों में मत आओ या अपने किए पर पछतावा मत करो। सही? मुझे लगता है कि वर्ष 1991 की दूसरी तिमाही का परिणाम अगले 10 वर्षों के लिए सबसे अच्छा ए.सी.सी. का उत्पादन था और वे नतीजे आने के बाद मैंने शेयर बेच दिए। मैंने उन्हें 300 रुपए में खरीदा और तीन महीने के भीतर

उन्हें 3,500 रुपए में बेच दिया और कीमत 10,000 हो गई। मुझे कोई पछतावा नहीं है।

सवाल : आपको कोई पछतावा नहीं है; लेकिन उस समय किस सिद्धांत ने आपको डरा दिया, भय या लालच?

राकेश झुनझुनवाला : मुझे लगता है कि मैं न तो लालची हो रहा था और न ही भयभीत। मैं सिर्फ तर्कसंगत था।

सवाल : तेजी के तीन साल पूरे होने का जश्न मनाते हुए बी.एस.ई. इंडेक्स सिर्फ तीन साल में 3,000 प्लस से 12,000 से अधिक हो गया है और यह निवेशक कहता है, यह इसी तरह जारी रहेगा।

तुम्हें पता है, पिछले तीन साल में सेंसेक्स 3,000 से 12,000 पर चला गया है। आप जानते हैं कि लोग उत्साहित हैं। हर कोई पैसा कमा रहा है और इसलिए बाजार सुर्खियाँ बटोर रहे हैं। जैसा कि वे कहते हैं, तेजी में सबका बोलबाला, मंदी में सबका मुँह काला।

राकेश झुनझुनवाला : तुम्हें पता है, पिछले तीन साल में सेंसेक्स 3,000 से 12,000 पर चला गया है। आप जानते हैं कि लोग उत्साहित हैं। हर कोई पैसा कमा रहा है और इसलिए बाजार सुर्खियाँ बटोर रहे हैं। जैसा कि वे कहते हैं, तेजी में सबका बोलबाला, मंदी में सबका मुँह काला।

सवाल : जब भी बाजार में तेजी आती है, लोग अत्यधिक उत्साह से भर जाते हैं और वे बहुत घबरा जाते हैं, है न? और आप वह आदमी हैं, जिसे वे बुल रन का बचाव करने के लिए दौड़ाते हैं?

राकेश झुनझुनवाला : बुल रन का बचाव करने का कोई सवाल ही नहीं है। देखिए, हम भूल जाते हैं कि बाजार क्या होते हैं। बाजार आर्थिक सच्चाई एवं बुनियादी बातों को दरशाते हैं और मुझे लगता है कि भारत बहुत अधिक अभूतपूर्व आर्थिक विकास की ओर बढ़ रहा है। मुझे

लगता है कि बाजार केवल इसे पहचान रहे हैं।

सवाल : आप जो कह रहे हैं, उस पर विश्वास करना इतना कठिन क्यों है? यह डर मनोविकृति क्यों है कि अगर चीजें अच्छी हैं तो उनका बुरा होना तय है?

राकेश झुनझुनवाला : मैं दो कारणों से सोचता हूँ कि पिछले अनुभव और मन की जड़ता कि भारत में आर्थिक विकास जारी रह सकता है और इसलिए भी, क्योंकि हमारे पास शेयर बाजार में दो घोटाले हुए हैं, इसने लोगों को बाजारों के बारे में बहुत संदेहास्पद बना दिया है। मुझे लगता है कि कारणों का एक संयोजन है।

मैं दो कारणों से सोचता हूँ कि पिछले अनुभव और मन की जड़ता कि भारत में आर्थिक विकास जारी रह सकता है और इसलिए भी, क्योंकि हमारे पास शेयर बाजार में दो घोटाले हुए हैं, इसने लोगों को बाजारों के बारे में बहुत संदेहास्पद बना दिया है।

सवाल : क्या आप कह रहे हैं कि हमें इस समय संदेह नहीं करना चाहिए?

राकेश झुनझुनवाला : ठीक है, मुझे नहीं लगता कि संदेह करने की जरूरत है; हालाँकि मुझे लगता है कि आपको सतर्क रहने की जरूरत है। मुझे नहीं लगता कि बाजार में कोई घोटाला हुआ है।

सवाल : अब अतीत में, द्वितीयक बाजारों में, जहाँ हमने इन दो घोटालों को होते देखा है, प्राथमिक बाजार खुदरा निवेशकों के लिए एक सुरक्षित स्थान रहा है। अब ऐसा लग रहा है कि प्राथमिक बाजार भी संदिग्ध हैं, है न?

राकेश झुनझुनवाला : एक बात समझ लें कि तंत्र का दुरुपयोग हर बाजार का हिस्सा है। सभी बाजारों को विकसित करना होगा। इसलिए हमें विकास के उस चरण में जाना होगा, जहाँ लोग कानून का लाभ

उठाने जा रहे हैं। लेकिन कानून पकड़ लेगा, है न?

सवाल : आपने हमेशा यह कहते हुए नियामक का बचाव किया है कि नियामक मौजूद है और नियामक प्रणाली व प्रक्रियाएँ ठीक हैं। क्या आप उस पर कायम हैं?

राकेश झुनझुनवाला : देखिए, हम नियामक द्वारा की गई कुछ गलतियों के लिए आलोचनात्मक हो सकते हैं; लेकिन हमें यह महसूस करना चाहिए कि भारतीय शेयर बाजारों में हम दुनिया की सबसे आधुनिक व्यापार प्रणाली में से एक बन गए हैं और बहुत ही कम समय में। हर नियामक को विकसित होना होगा और विकास के दौरान गलतियाँ होने वाली हैं। तो मुझे लगता है कि यह एक गिलास के आधा भरा या आधा खाली होने की बात है।

हम नियामक द्वारा की गई कुछ गलतियों के लिए आलोचनात्मक हो सकते हैं; लेकिन हमें यह महसूस करना चाहिए कि भारतीय शेयर बाजारों में हम दुनिया की सबसे आधुनिक व्यापार प्रणाली में से एक बन गए हैं और बहुत ही कम समय में।

सवाल : विडंबना यह है कि झुनझुनवाला के पास सफलता के सभी जाल हैं, लेकिन वह अभी भी अपने मध्य वर्गीय दक्षिण मुंबई की जड़ों से चिपके हुए हैं। यह आपके लिए कितना महत्त्वपूर्ण है कि लोग हमेशा अनुमान लगाते हैं कि आप कितने लायक हैं?

राकेश झुनझुनवाला : जिस बात से मुझे चिढ़ होती है, उससे उन्हें क्या फर्क पड़ता है! और देखिए, मैं कोई रिले रेस नहीं दौड़ रहा हूँ। मैं किसी के साथ किसी चूहे की दौड़ में नहीं हूँ और न मैं किसी से ज्यादा अमीर बनना चाहता हूँ, या मैं सबसे अमीर आदमी बनना चाहता हूँ। जीवन में मेरा उद्‍देश्य वह करना है, जो मुझे पसंद है और जो मैं करता हूँ, उसका आनंद लेना है। और मैं जो करता हूँ, धन उसका एक द्वि-उत्पाद है। लोग क्यों जानना चाहते हैं कि मेरी दौलत क्या है? यह कैसे प्रासंगिक है?

सवाल : शायद इसलिए कि आपकी प्रसिद्धि का दावा वह पैसा है, जो आपने अपने दम पर कमाया है। 5,000 रुपए से शुरू होनेवाली पहली पीढ़ी?

राकेश झुनझुनवाला : मुझे लगता है कि सराहना करने के लिए जिस चीज की ज्यादा जरूरत है, वह यह नहीं है, जो मेरे पास है, बल्कि यह है कि मैंने इसे कैसे बनाया। ईश्वर की कृपा से मैं एक धनी व्यक्ति हूँ। मैं कितना अमीर हूँ, यह कैसे महत्त्वपूर्ण है? मैं आपको एक बात बता सकता हूँ। मैं इतना अमीर हूँ कि अंतरराष्ट्रीय स्तर पर मेरी संपत्ति मायने रखती है।

> ***मुझे लगता है कि सराहना करने के लिए जिस चीज की ज्यादा जरूरत है, वह यह नहीं है, जो मेरे पास है, बल्कि यह है कि मैंने इसे कैसे बनाया। ईश्वर की कृपा से मैं एक धनी व्यक्ति हूँ। मैं कितना अमीर हूँ, यह कैसे महत्त्वपूर्ण है?***

सवाल : आपने अभी उल्लेख किया है कि आप चूहे की दौड़ में नहीं हैं। जब आप इन सूचियों को देखते हैं तो आपकी क्या प्रतिक्रिया होती है? दुनिया के 100 सबसे अमीर आदमी, 100 सबसे अमीर भारतीय, 50 सबसे शक्तिशाली भारतीय? क्योंकि आपने कुछ में पाया है, है न?

राकेश झुनझुनवाला : अच्छा, मेरा कोई प्रेस एजेंट नहीं है और मेरी कोई प्रेस एजेंसी नहीं है, और मैं किसी प्रचार की माँग नहीं कर रहा हूँ। लेकिन जब तक कोई सूची मानव प्रयास और मानव उपलब्धि की मान्यता है, तो मैं झूठ बोलूँगा, यदि मैंने कहा कि मुझे उस सूची में रहना पसंद नहीं है। इसलिए मुझे वहाँ रहना अच्छा लगता है। लेकिन मैं इस सूची में शामिल होने के लिए कोई विशेष प्रयास नहीं कर रहा हूँ। सूची में होना संयोग है, न कि मेरे काम का उद्देश्य।

सवाल : तो जाहिर है कि किसी अन्य सूची में और किसी सूची में अधिक संख्या में होने की कोई महत्त्वाकांक्षा नहीं है?

राकेश झुनझुनवाला : बिल्कुल नहीं।

सवाल : आपने अकसर और जोर देकर कहा है कि आपके इस व्यवसाय में बहुत सारा शोध, बहुत सारा डेटा एकत्र करना और बहुत सारा ज्ञान संचय है। आप क्या पढ़ते हैं?

राकेश झुनझुनवाला : देखिए, मैं 'इकोनॉमिस्ट' और 'इंडिया टुडे' पढ़ता हूँ। मैं हर हफ्ते पढ़ता हूँ। 'इकोनॉमिस्ट' में मैंने संपूर्ण व्यवसाय अनुभाग और विज्ञान और प्रौद्योगिकी अनुभाग पढ़ा। ये मेरे द्वारा लगातार पढ़े जाते हैं। फिर मैं ब्रोकर रिपोर्ट पढ़ता हूँ और बैलेंस शीट देखता हूँ।

> ***मैं 'इकोनॉमिस्ट' और 'इंडिया टुडे' पढ़ता हूँ। मैं हर हफ्ते पढ़ता हूँ। 'इकोनॉमिस्ट' में मैंने संपूर्ण व्यवसाय अनुभाग और विज्ञान और प्रौद्योगिकी अनुभाग पढ़ा। ये मेरे द्वारा लगातार पढ़े जाते हैं। फिर मैं ब्रोकर रिपोर्ट पढ़ता हूँ और बैलेंस शीट देखता हूँ।***

सवाल : यहाँ पाँच स्क्रीन हैं। क्या आप जल्दी से हमें बता सकते हैं कि इनमें से कौन क्या करता है?

राकेश झुनझुनवाला : खैर, ये सभी बी.एस.ई. एन.एस.ई. लाइव स्क्रीन हैं, जहाँ मैं कीमतों को ट्रैक करता हूँ। यहाँ पहला मेरा निवेश है। यह वायदा है।

सवाल : वहाँ 31 लिपियाँ हैं?

राकेश झुनझुनवाला : हाँ, सी.एल. को छोड़कर ये सभी मेरे निवेश हैं। ये सभी मेरे शेयर हैं, जिनमें मेरी कुछ शॉर्ट टर्म पोजीशन हैं। ये सिर्फ कुछ कंपनियाँ हैं, जिनकी कीमतों का मैं पालन करना चाहता हूँ और ये वे वायदा हैं, जिनका मैं व्यापार करता हूँ। यह लाइव रॉयटर्स स्क्रीन है, जहाँ से मुझे जानकारी मिलती है और यह इंटरनेट है और वहाँ टेलीविजन है।

सवाल : यदि आप चाहें तो बाहर किसी से बातचीत किए बिना एक दिन भी गुजार सकते हैं।

राकेश झुनझुनवाला : कुछ ऐसे लोग होते हैं, जिनके विचारों की मैं कद्र करता हूँ। कुछ ऐसे दोस्त होते हैं, जिनके साथ मैं मामलों पर चर्चा करता हूँ, इसलिए उनसे बात करता हूँ। अनिवार्य रूप से, व्यापार और निवेश में निर्णय बहुत ही अकेले निर्णय होते हैं और मैं निश्चित रूप से किसी से बात किए बिना व्यापार कर सकता हूँ। लेकिन मुझे लोगों से बात करने की आदत है।

सवाल : आप जानते हैं कि मैंने कुछ लोगों से बात की है, जो कहते हैं कि राकेश में विरोधाभास है। कुछ शेयर उनके पास यह लंबे समय से हैं और यहाँ अपनी ट्रेडिंग स्क्रीन पर वह पलक झपकते ही 20 करोड़ या 50 करोड़ रुपए बना और खो सकते हैं। जैसा कि हम बात कर रहे हैं, क्या आप ऐसा कर सकते हैं?

ठीक है, मैं उस तरह का व्यापार नहीं करता। मैं लंबे समय तक निवेश रखता हूँ, क्योंकि मैंने कहीं पढ़ा है और समय ने मुझे सिखाया है कि हमें लालची होना चाहिए। लेकिन लंबे समय तक लालची होना चाहिए। इसलिए, जब आपके पास कुछ अच्छा हो तो उससे चिपके रहें।

राकेश झुनझुनवाला : ठीक है, मैं उस तरह का व्यापार नहीं करता। मैं लंबे समय तक निवेश रखता हूँ, क्योंकि मैंने कहीं पढ़ा है और समय ने मुझे सिखाया है कि हमें लालची होना चाहिए। लेकिन लंबे समय तक लालची होना चाहिए। इसलिए, जब आपके पास कुछ अच्छा हो तो उससे चिपके रहें।

सवाल : दूसरी स्क्रीन के बारे में क्या?

राकेश झुनझुनवाला : मैं जब बाजार में आया तो मेरे पास न तो पूँजी थी, न पिता का तोहफा और न ससुर का तोहफा। इसलिए मुझे निवेश करने के लिए पूँजी अर्जित करनी पड़ी। अगर आपके पास पूँजी नहीं है तो आप कैसे निवेश करते हैं? और फ्यूचर ट्रेडिंग करके मुझे यह सब पूँजी मिली।

सवाल : और आप कितना खो सकते हैं और कितना कमा सकते हैं?

राकेश झुनझुनवाला : मैं आँकड़े उद्धृत नहीं करना चाहूँगा। मैं केवल गलतियाँ करता हूँ, जिसे मैं वहन कर सकता हूँ, जहाँ मैं फिर से शुरू करने के लिए उठा सकता हूँ।

सवाल : ट्रेंड शुरू होने से पहले ही आप अंदर आ जाते हैं। निवेश निर्णयों के लिए?

राकेश झुनझुनवाला : भगवान् की कृपा से मुझे लगता है कि वर्ष 1985-86 से 2006 तक मैं सबसे अधिक पकड़ने में सक्षम था। कहते हैं, अगर बाजार में 10 साइकिलें हैं तो मैं 9 को सही पकड़ पाया हूँ। इसलिए निवेश के लिहाज से चक्र अच्छा रहा है। ट्रेडिंग में हम रोज गलतियाँ करते हैं। आप जानते हैं कि एक लेखक ने कहा था कि यह महत्त्वपूर्ण है कि आप व्यापार में सही या गलत हैं; यह महत्त्वपूर्ण है कि जब आप गलत होते हैं तो आप कितना खो देते हैं और जब आप सही होते हैं तो आप कितना कमाते हैं।

भगवान् की कृपा से मुझे लगता है कि वर्ष 1985-86 से 2006 तक मैं सबसे अधिक पकड़ने में सक्षम था। कहते हैं, अगर बाजार में 10 साइकिलें हैं तो मैं 9 को सही पकड़ पाया हूँ। इसलिए निवेश के लिहाज से चक्र अच्छा रहा है। ट्रेडिंग में हम रोज गलतियाँ करते हैं।

सवाल : यदि आप पैसे खो देते हैं तो क्या आप तनाव महसूस करते हैं?

राकेश झुनझुनवाला : नहीं, कभी नहीं। मैं इसे पाँच मिनट के लिए महसूस करता हूँ, क्योंकि मैं अपनी दौलत का 2 या 3 फीसदी से ज्यादा इनमें नहीं लगा रहा हूँ। मुझे चर्चिल के शब्द हमेशा याद रहते हैं।

सवाल : आपने चर्चिल को उद्धृत किया है। आप बहुत नियमित रूप से बोली लगाते हैं। क्या आपने कुछ और पढ़ा, जो इन लोगों ने

लिखा है? गैर-निवेश किंवदंतियाँ।

राकेश झुनझुनवाला : ठीक है, चर्चिल निवेश करनेवाले दिग्गज नहीं थे।

सवाल : बिल्कुल। तो क्या आप पुस्तकों में आए उद्धरणों से परे पढ़ते हैं?

राकेश झुनझुनवाला : मैं द्वितीय विश्व युद्ध से बहुत प्रभावित हूँ। मैंने द्वितीय विश्व युद्ध पर बहुत सारी फिल्में देखी हैं। मैंने युद्ध पर 25 सी.डी. देखीं और इससे आपको बहुत सारे उद्धरण मिलते हैं। अब मेरा गैर-बाजार, गैर-आर्थिक पठन बहुत कम है। मैं 35 से पहले एक पेटू पाठक था।

सवाल : अंतरराष्ट्रीय मानकों के हिसाब से भी आपकी अच्छी संपत्ति वही है, जो आप बेचते हैं। क्या इसका मतलब यह है कि आप अंतरराष्ट्रीय बाजारों में व्यापार करने और निवेश करने के लिए तैयार हैं? आपको क्या रोक रहा है? क्या यह वैधता है या यह पैमाना है?

अंतरराष्ट्रीय मानकों के हिसाब से भी आपकी अच्छी संपत्ति वही है, जो आप बेचते हैं। क्या इसका मतलब यह है कि आप अंतरराष्ट्रीय बाजारों में व्यापार करने और निवेश करने के लिए तैयार हैं? आपको क्या रोक रहा है? क्या यह वैधता है या यह पैमाना है?

राकेश झुनझुनवाला : इसके दो से तीन कारण हैं। पहला, मैं चाहूँ तो भी नहीं कर सकता, क्योंकि मेरी सारी संपत्ति भारत में है। दूसरा, भारत में ही अवसर इतना बड़ा है और इतना नवजात। जब हमें घर पर अच्छा खाना मिल रहा है तो रेस्तराँ के बारे में क्यों सोचते हैं? और तीसरा, अंतरराष्ट्रीय स्तर पर निवेश करने के लिए मुझे एक बड़ा और व्यापक संगठन बनाने की जरूरत है।

सवाल : एक उल्लेखनीय निवेशक के रूप में माने जाने के लिए आपको पूँजी के संदर्भ में क्या निवेश करने की आवश्यकता है?

राकेश झुनझुनवाला : मैं मशहूर होने के लिए किसी बाजार में नहीं जाना चाहता। मैं वहाँ पैसा कमाने जाना चाहता हूँ।

सवाल : तो, पूँजी एक सीमा नहीं है?

राकेश झुनझुनवाला : नहीं, पूँजी कभी सीमा नहीं होती।

सवाल : तुम पैसे से काम करते हो। इसे बहुत ही सरल तरीके से कहें तो आप अपना पैसा कहाँ बचाते हैं?

राकेश झुनझुनवाला : मैं अपना पैसा कहाँ बचाऊँ? खैर, मैं जो कुछ भी कमाता हूँ, मेरा खर्च कम मेरी बचत ज्यादा है।

सवाल : शेयर बाजारों से दूर क्या कोई ऐसा क्षेत्र है, जिससे आप अपना पैसा बचा सकते हैं—कला, अचल संपत्ति?

राकेश झुनझुनवाला : वास्तव में कोई कला नहीं है। मैंने पिछले महीने एक पेंटिंग खरीदी थी। मेरे पास इस कार्यालय के अलावा एक घर है, इसलिए कोई अचल संपत्ति भी नहीं है। मैंने कुछ रियल एस्टेट फंडों में निवेश किया है।

वास्तव में कोई कला नहीं है। मैंने पिछले महीने एक पेंटिंग खरीदी थी। मेरे पास इस कार्यालय के अलावा एक घर है, इसलिए कोई अचल संपत्ति भी नहीं है। मैंने कुछ रियल एस्टेट फंडों में निवेश किया है।

सवाल : तो झुनझुनवाला के लिए बचत क्या है?

राकेश झुनझुनवाला : मेरी संपत्ति एक मूल्यवान् पोर्टफोलियो है। यही मेरी बचत है।

सवाल : क्या यह काल्पनिक भी हो सकता है, क्योंकि बाजारों के आधार पर यह आज ऊपर है और कल नीचे जाएगा?

राकेश झुनझुनवाला : मैं यह नहीं कहूँगा कि यह काल्पनिक है, इसमें उतार-चढ़ाव है।

सवाल : क्या यह आपको कभी-कभी परेशान नहीं करता है कि

आप विचारों वाले व्यक्ति नहीं हैं? आप वे आदमी हैं, जो विचारों के साथ लोगों का समर्थन कर रहा है?

राकेश झुनझुनवाला : मुझे ऐसा नहीं लगता। कुछ भी बनाने के विभिन्न भाग होते हैं। इसलिए, जब मैं किसी कंपनी में शुरुआती चरण में निवेश करता हूँ तो मैं उस कंपनी के साथ काम कर रहा होता हूँ। मैं एप्टेक की अपनी अध्यक्षता और अन्य कंपनियों के अपने निदेशक के बीच अंतर करता हूँ। इसलिए हम इसे ठीक से चला रहे हैं।

मुझे ऐसा नहीं लगता। कुछ भी बनाने के विभिन्न भाग होते हैं। इसलिए, जब मैं किसी कंपनी में शुरुआती चरण में निवेश करता हूँ तो मैं उस कंपनी के साथ काम कर रहा होता हूँ। मैं एप्टेक की अपनी अध्यक्षता और अन्य कंपनियों के अपने निदेशक के बीच अंतर करता हूँ। इसलिए हम इसे ठीक से चला रहे हैं।

सवाल : कैसा अनुभव है? आपके लिए यह एक नया अनुभव है, है न?

राकेश झुनझुनवाला : यह एक चुनौती है। मुझे नहीं पता कि मैं सफल हो पाऊँगा या नहीं। मुझे पाँच साल में पता चल जाएगा। लेकिन मुझे चुनौती पसंद है। दुनिया भर के फंडों ने कंपनियों का प्रबंधन नियंत्रण अपने हाथ में लेकर अरबों डॉलर कमाए हैं। अब मैंने एपटेक से पहले कभी किसी कंपनी का प्रबंध नियंत्रण नहीं लिया था। मुझे लगता है कि इसमें 4 या 5 साल लगेंगे।

सवाल : हमने इस बारे में बात की कि कैसे बाजार हर समय तेजी की स्थिति में रहता है और जब सेंसेक्स चढ़ता रहता है तो बड़ा उत्साह और भय होता है। क्या यह आपको परेशान करता है कि इस समय आप जैसे लोगों की बहुत बारीकी से जाँच की जाती है?

राकेश झुनझुनवाला : मुझे एक बात की चिंता है। मैं कानून का अक्षरश: पालन करता हूँ और हम लोकतंत्र में रहते हैं। मैं सरकारी

संस्थानों में कानूनों के अनुसार कार्य करता हूँ। अब अगर सरकार को हर चीज की जाँच करने का अधिकार है, चाहे हम उसे पसंद करें या नहीं, हमें उसे स्वीकार करना होगा और वह जीवन का हिस्सा है।

सवाल : लेकिन यह संदेह, जो हर बार उठता है, खासकर इस व्यवसाय में, क्या वह आपको परेशान करता है?

राकेश झुनझुनवाला : बिल्कुल नहीं। मैंने जीवन में जो कुछ भी किया है, लोगों ने उसे संदेह की दृष्टि से देखा है। कल्पना कीजिए कि वर्ष 1985 में एक चार्टर्ड अकाउंटेंट एक नौकरशाही परिवार से आया था। इस शेयर बाजार में जा रहा था और सड़कों पर खड़ा था। मेरे पिता सन् 1973 से वेलिंगटन क्लब के सदस्य हैं। मैं एक योग्य चार्टर्ड एकाउंटेंट हूँ। मुझे नहीं लगता कि सांस्कृतिक रूप से मैंने कुछ गलत किया है। लेकिन वे मुझे वेलिंगटन क्लब का सदस्य नहीं बनाना चाहते। यह उनकी पसंद है। शुरुआत में, मैं इस पर गुस्से से भरी प्रतिक्रिया करता था। अब मैं इस पर परिपक्वता के साथ प्रतिक्रिया करता हूँ। लोगों की कोई राय होगी; समय उनकी राय बदल देगा।

> ***मैंने जीवन में जो कुछ भी किया है, लोगों ने उसे संदेह की दृष्टि से देखा है। कल्पना कीजिए कि वर्ष 1985 में एक चार्टर्ड अकाउंटेंट एक नौकरशाही परिवार से आया था। इस शेयर बाजार में जा रहा था और सड़कों पर खड़ा था।***

सवाल : यदि आपने शेयर बाजार में एक व्यापारी या निवेशक के रूप में अपना पैसा कमाया है तो यह किसी भी तरह उद्योग के कप्तानों के रूप में सम्मानजनक नहीं है? क्या यह आपको चिंतित करता है? क्योंकि आप जिस तरह का निवेश कर रहे हैं, उसे करने के लिए आप बड़ी मात्रा में शिक्षा और ज्ञान लगा रहे हैं?

राकेश झुनझुनवाला : मैं आपको एक बात बता दूँ। मुझे बहुत स्पष्टवादी होने दो। मुझे जिस तरह की पहचान मिली है, उसके लिए मुझे

नहीं लगता कि यह सम्मान की बात नहीं है। यदि पूँजीवाद सरकार का एकमात्र तरीका है तो सरकार के उस रूप के मंदिर ही शेयर बाजार हैं। और मेरा विश्वास करो, मैं किसी के द्वारा पहचाने जाने के लिए कुछ भी नहीं कर रहा हूँ। मान्यता आकस्मिक है। मैं वही कर रहा हूँ, जिसे करने में मुझे आनंद आता है।

सवाल : लेकिन राकेश, आज आपको वेलिंगटन क्लब की सदस्यता न देने की घटना याद है? यह आपको काफी परेशान करता है?

राकेश झुनझुनवाला : लेकिन यह वर्षों पहले की बात है, जब मुझे थोड़ी सी चुभन महसूस हुई होगी। अब मुझे यह महसूस नहीं हो रहा है। झुनझुनवाला संयुक्त परिवार में रहना पसंद करते हैं। अपने माता-पिता के आर्थिक और भावनात्मक समर्थन के बिना, वह स्पष्ट है कि वह एक पारंपरिक कॅरियर को हवा देने में कामयाब नहीं होता। उनकी बहनों और भाइयों सहित उनके परिवार के लोग ही उनके स्टॉक टिप्स से लाभान्वित होते हैं। मेरे पापा ही वह शख्स हैं, जिन्होंने मुझे जिंदगी में सबसे ज्यादा सिखाया है और मुझे लगता है कि मैं जीवन में जो कुछ भी हूँ, उसमें उनका बहुत बड़ा योगदान है। वह सबसे लोकतांत्रिक पिता हैं। मेरी एक जिज्ञासा थी और उन्होंने उस जिज्ञासा को पोषित किया है।

मैं आपको एक बात बता दूँ। मुझे बहुत स्पष्टवादी होने दो। मुझे जिस तरह की पहचान मिली है, उसके लिए मुझे नहीं लगता कि यह सम्मान की बात नहीं है। यदि पूँजीवाद सरकार का एकमात्र तरीका है तो सरकार के उस रूप के मंदिर ही शेयर बाजार हैं।

सवाल : तो आप मम्मी के लड़के नहीं, एक पिता के लड़के हैं?

राकेश झुनझुनवाला : नहीं, मैं मम्मी और पापा दोनों का लड़का हूँ। मैं अपने माता-पिता के साथ रहता हूँ और हम बहुत करीबी परिवार हैं।

सवाल : हमने आखिरी बार जून में बात की थी। वह समय था, जब भारत में महामारी फैल रही थी। हम भी सबसे कठोर लॉकडाउन के बीच में थे। आपने तब कहा था कि आप थोड़ा निराश हो रहे थे। जो विकास हुआ है, अर्थव्यवस्था को फिर से खोलना, सरकार द्वारा किए गए सुधार के मोर्चे पर आंदोलन, क्या आज आप कम निराश हैं, राकेश झुनझुनवाला ?

मैंने जून में कभी नहीं कहा कि मैं निराश हूँ। उस समय मैंने जो कहा था, वह यह था कि भारत में सुधारों की धीमी गति से मैं थोड़ा निराश हूँ। मैं उस समय भी बाजार को लेकर काफी बुलिश था और मेरे पास कोई कारण नहीं है। मुझे लगता है कि सुधार की गति तेज हो रही है और बाजारों में मैं हमेशा की तरह तेज रहता हूँ।

राकेश झुनझुनवाला : नहीं, मैंने जून में कभी नहीं कहा कि मैं निराश हूँ। उस समय मैंने जो कहा था, वह यह था कि भारत में सुधारों की धीमी गति से मैं थोड़ा निराश हूँ। मैं उस समय भी बाजार को लेकर काफी बुलिश था और मेरे पास कोई कारण नहीं है। मुझे लगता है कि सुधार की गति तेज हो रही है और बाजारों में मैं हमेशा की तरह तेज रहता हूँ। मैं जून में बेहद बुलिश था और आज भी बेहद बुलिश हूँ।

सवाल : आप जून में भी बाजारों को लेकर बुलिश थे; लेकिन आपका यह कहना सही है कि आप सुधारों की गति से निराश थे। तो मैं आपसे पूछना चाहता हूँ कि जिस तरह से सरकार ने कोविड संकट का जवाब दिया है, क्या हमने अधिक कृषि सुधार देखे हैं ? हमने श्रम सुधारों की घोषणा की है। सुधार के मोर्चे पर भारत की कहानी आज आपके सामने कैसे टिकी हुई है ?

राकेश झुनझुनवाला : हमें एक बात याद रखनी चाहिए कि भारत में कोई भी सुधार करना आसान नहीं है। कृषि सुधार—कम-से-

कम अगर मैं कृषि विशेषज्ञों और तीन कृषि कंपनियों की बात करूँ तो हर कोई उन पर बहुत उत्साहित है। लेकिन पंजाब, हरियाणा और महाराष्ट्र की सरकारें जिस तरह से प्रतिक्रिया कर रही हैं, उसे देखें। मुझे व्यक्तिगत रूप से लगता है कि सरकार बहुत अच्छा सुधार कर रही है और राजनीतिक विरोध की परवाह किए बिना, चाहे वह भीतर से हो या विपक्ष से, सुधार करने के लिए तैयार है। चीजों को हमें व्यापक संदर्भ में देखना होगा। हम एक लोकतंत्र में हैं। हमें लोगों को अपने साथ लेकर चलना है। सरकार जिस तरह का सुधार कर रही है, उससे मैं बेहद खुश हूँ और मुझे लगता है कि वे अगला विधेयक संसद् में बिजली सुधार पर पारित करने जा रहे हैं, जो पहले से ही है। मुझे लगता है कि यह भी एक गेमचेंजर है और मुझे लगता है कि सार्वजनिक क्षेत्र के उपक्रमों (पी.एस.यू.) की एकमात्र रणनीतिक बिक्री होने जा रही है।

> *हमें एक बात याद रखनी चाहिए कि भारत में कोई भी सुधार करना आसान नहीं है। कृषि सुधार—कम-से-कम अगर मैं कृषि विशेषज्ञों और तीन कृषि कंपनियों की बात करूँ तो हर कोई उन पर बहुत उत्साहित है।*

इसलिए, मुझे लगता है कि मैं अब बहुत खुश हूँ कि हम सुधारों की गति पकड़ रहे हैं। हम विदेशी और भारतीय—दोनों तरह की पूँजी को आकर्षित करने के प्रयास कर रहे हैं। हम भारतीयों को यह महसूस करना चाहिए कि भारत जैसे लोकतंत्र में सुधार और परिवर्तन करना आसान नहीं है। हर चीज का निहित स्वार्थ होता है। इसलिए जून के बजाय मेरी हताशा 80 प्रतिशत कम हो जाती है।

सवाल : यह देखते हुए कि वैश्विक अर्थव्यवस्था दुनिया भर में जारी उदार मौद्रिक नीतियों के साथ खुद को कहाँ पाती है, बॉण्ड-खरीद कार्यक्रमों में वृद्धि हो रही है, भारत में तरलता और प्रवाह के संदर्भ में इसका क्या अर्थ है ? जब हमने पिछली बार बात की थी तो आप कह रहे

थे कि पिछले तीन वर्षों में निफ्टी में विदेशी संस्थागत निवेशकों (एफ. आई.आई.) का स्वामित्व कैसे आधा हो गया है? आप क्या मानते हैं कि यह आगे बढ़ने की तरह दिखेगा?

राकेश झुनझुनवाला : मुझे लगता है कि पैसा धीरे-धीरे नहीं, तेजी से नहीं, बल्कि सुनामी में आने वाला है; क्योंकि भारत बाजारों की अंतिम सीमाओं में से एक है, जहाँ दुनिया में पर्याप्त विकास हो सकता है। दुनिया तरलता से भरी हुई है। उस तरलता को एक बहिर्वाह खोजना होगा। भारत में स्वामित्व अब तीन साल पहले की तुलना में बहुत कम है। इसलिए मुझे लगता है कि विदेशी और भारतीय दोनों तरह के शेयर बाजारों में पूँजी की सुनामी आने वाली है; क्योंकि मुझे लगता है कि अधिकांश भारतीय और विदेशी अभी भी भारतीय अर्थव्यवस्था के बारे में उत्साहित नहीं हैं और अर्थव्यवस्था एवं सुधार के संकेत, मेरे अनुसार, जा रहे हैं। इस वर्ष मान लीजिए कि आपके पास 10 प्रतिशत नकारात्मक वृद्धि है। मुझे लगता है कि अगले वर्ष हमारे पास 10 प्रतिशत सकारात्मक वृद्धि होगी। मुझे विश्वास है कि हम 6-7-8-9 और 10 की वृद्धि करने जा रहे हैं। यह मेरी राय है, यह सही या गलत हो सकती है—हम पाँच वर्षों में दोहरे अंकों के आँकड़े तक पहुँच जाएँगे। हमारे पक्ष में अनिश्चितताएँ हैं और मैं भारत के लिए आगे आनेवाले आर्थिक विकास के लिए किसी भी चीज से ज्यादा भारत पर आशावादी हूँ।

मुझे लगता है कि पैसा धीरे-धीरे नहीं, तेजी से नहीं, बल्कि सुनामी में आने वाला है; क्योंकि भारत बाजारों की अंतिम सीमाओं में से एक है, जहाँ दुनिया में पर्याप्त विकास हो सकता है। दुनिया तरलता से भरी हुई है। उस तरलता को एक बहिर्वाह खोजना होगा।

सवाल : एक स्पष्ट दावा कि आप मानते हैं कि पूँजी की सुनामी है, जो भारत में आएगी—बाजारों में और एफ.डी.आई. में भी; लेकिन

उन क्षेत्रवार विषयों के संदर्भ में इसका क्या मतलब होगा? क्षेत्रीय दाँव, जिन्हें आप खेलने की उम्मीद करते हैं?

राकेश झुनझुनवाला : यह एक रिले रेस है। यह एक बुफे है और हर कोई इसमें शामिल होने जा रहा है। इसलिए आप भारतीय कहानी में विश्वास करते हैं और अपने स्टॉक का चयन करते हैं। मुझे पूरा भरोसा है कि भारतीय अर्थव्यवस्था बढ़ेगी। तथ्य यह है कि भारत में सकल घरेलू उत्पाद (जी.डी.पी.) के मुकाबले कॉरपोरेट मुनाफा अब तक के सबसे निचले स्तर पर है। ऐसे में, दोहरी मार पड़ने वाली है। सकल घरेलू उत्पाद में मुनाफे का प्रतिशत बढ़ने जा रहा है और सकल घरेलू उत्पाद का आकार बढ़ने जा रहा है। फिर, मेरा मानना है कि कम ब्याज दरों और भारतीयों की इक्विटी के कम जोखिम के साथ और सामान्य रूप से उभरते बाजारों के प्रति एक अनुकूल दृष्टिकोण और विशेष रूप से भारत की ओर, बाजारों में पैसे की सुनामी की ओर अग्रसर होने जा रहा है। मुझे लगता है कि भारत वहीं है, जहाँ हम वर्ष 2003 में थे।

यह एक रिले रेस है। यह एक बुफे है और हर कोई इसमें शामिल होने जा रहा है। इसलिए आप भारतीय कहानी में विश्वास करते हैं और अपने स्टॉक का चयन करते हैं। मुझे पूरा भरोसा है कि भारतीय अर्थव्यवस्था बढ़ेगी। तथ्य यह है कि भारत में सकल घरेलू उत्पाद (जी.डी.पी.) के मुकाबले कॉरपोरेट मुनाफा अब तक के सबसे निचले स्तर पर है।

सवाल : आपने इस बारे में बात की कि भारत वर्ष 2003 में जिस स्थिति में था, उस स्थिति में खुद को किस तरह से तैयार पाता है? वहाँ आपकी क्या परिकल्पना है?

राकेश झुनझुनवाला : मेरी परिकल्पना यह है कि भारत वर्ष 2003–2009 में जा रहा है, हम 8–9 प्रतिशत की वृद्धि कर रहे हैं। मुझे

लगता है कि अगले चार-पाँच वर्षों में हम वहाँ पहुँचेंगे। दूसरी बात यह है कि शायद बाजारों में अविश्वास है। बाजार में अविश्वसनीय ताकत है। दुनिया भर में मुझे लगता है कि कम-से-कम अगले तीन-चार वर्षों के लिए बहुत कम ब्याज दरें होने जा रही हैं। बहुत सारे सुधार हो रहे हैं। सकल घरेलू उत्पाद में कॉरपोरेट लाभ सार्वकालिक कम है और मुझे लगता है कि जी.डी.पी. ऊपर जा रही है। सकल घरेलू उत्पाद में कॉरपोरेट मुनाफे का प्रतिशत बढ़ने जा रहा है। भारतीय कंपनियों की सबसे अच्छी क्षमता है, जैसा कि वे कभी भी रही हैं। हमारे पास एक साफ-सुथरी व्यवस्था है। बहुत से बदमाश उद्यमियों को हटा दिया गया है। तो मुझे लगता है कि ये सभी कारक हैं कि भारत बहुत उच्च विकास की अवधि में प्रवेश करने जा रहा है। मैं अधिकांश भारतीयों से अलग भारत देखता हूँ।

> *दुनिया भर में मुझे लगता है कि कम-से-कम अगले तीन-चार वर्षों के लिए बहुत कम ब्याज दरें होने जा रही हैं। बहुत सारे सुधार हो रहे हैं। सकल घरेलू उत्पाद में कॉरपोरेट लाभ सार्वकालिक कम है और मुझे लगता है कि जी.डी.पी. ऊपर जा रही है। सकल घरेलू उत्पाद में कॉरपोरेट मुनाफे का प्रतिशत बढ़ने जा रहा है।*

मैं देख रहा हूँ कि विकास और समृद्धि आ रही है। मैं गलत हो सकता हूँ और यह इस देश में स्थानीय व विदेशी दोनों तरह से इक्विटी हासिल करने के लिए तैयारी के साथ आगे है। मुझे लगता है कि हम एक ऐसे बाजार में हैं, जो हर किसी को चौंका देगा।

सवाल : अब मैं आपसे फार्मा के बारे में बात करना चाहता हूँ, क्योंकि आखिरी बार फार्मा पर आपने यही कहा था कि इस समय यह 30-40 रन बना चुका है, यह दोहरा शतक लगाएगा। यह एक रैंक आउटपरफॉर्मर रहा है, चाहे वह कोविड के कारण हो, चाहे वह चीन

प्लस वन रणनीति के कारण हो, यह एक ऐसा क्षेत्र है, जिसमें स्पष्ट रूप से काफी हद तक रुचि देखी गई है। क्या आप मानते हैं कि यहाँ स्कोप अधिक है?

राकेश झुनझुनवाला : पिछली बार मैंने आपको 30-40 रन कहा था, इस बार मैं आपको 40-42 रन बताऊँगा।

सवाल : तो क्या आप यहाँ दाँव लगाना जारी रखेंगे?

राकेश झुनझुनवाला : किसी भी क्षेत्र में रैखिक विकास नहीं होने वाला है। वृद्धि के बाद हर क्षेत्र कुछ समय के लिए रुकनेवाला है। समेकित करें और फिर अगला कदम उठाएँ। इसलिए, मैं यह जानने के लिए पर्याप्त स्मार्ट नहीं हूँ कि अब यह क्षेत्र बढ़ गया है। यह कुछ समय के लिए समेकित होने जा रहा है। इसलिए मुझे दूसरे क्षेत्र को बेचने और खरीदने दो। फिर तीन महीने के बाद दूसरा क्षेत्र चरम पर होगा, फिर मुझे वापस खरीदना चाहिए। फार्मा सेक्टर में मैं यह जानने के लिए इतना स्मार्ट नहीं हूँ कि यह कब होगा। मुझे पता है कि यह ऊपर जाने वाला है। समेकन और सुधार की अवधि आ रही है और मैं इसे इतनी बारीकी से समय देने का प्रयास नहीं करता हूँ।

किसी भी क्षेत्र में रैखिक विकास नहीं होने वाला है। वृद्धि के बाद हर क्षेत्र कुछ समय के लिए रुकनेवाला है। समेकित करें और फिर अगला कदम उठाएँ। इसलिए, मैं यह जानने के लिए पर्याप्त स्मार्ट नहीं हूँ कि अब यह क्षेत्र बढ़ गया है। यह कुछ समय के लिए समेकित होने जा रहा है।

सवाल : आपने कहा था कि आप मानते हैं कि यह बाजार हमें आश्चर्यचकित करने वाला है। आपको क्या लगता है कि यह आश्चर्य कहाँ से आने वाला है और मैं इसे आपके द्वारा पहले बताई गई बातों से जोड़ने का प्रयास करूँगा। आपने कहा था कि कुछ सबसे बड़े विजेता सबसे पिटे हुए क्षेत्रों में मिलेंगे। तो आप इसे कहाँ से आते हुए देखते हैं?

राकेश झुनझुनवाला : अधिकांश पस्त शेयरों में यह धातु हो सकता है, यह सार्वजनिक क्षेत्र हो सकता है। धातु, सार्वजनिक क्षेत्र, पस्त स्टॉक के अन्य क्षेत्र, अन्य क्षेत्र, जहाँ वर्षों से बाजार में कुल अविश्वास रहा है। मुझे लगता है कि यही वह जगह है, जहाँ सबसे ज्यादा रिटर्न आएगा।

सवाल : चूँकि आपने सार्वजनिक क्षेत्र के बारे में बात की थी और जिन विषयों की आप उम्मीद कर रहे थे, उनमें से एक अंततः रणनीतिक विनिवेश का विषय है। वास्तव में, मैं आर्थिक मामलों के सचिव से बात कर रहा था और वह बहुत स्पष्ट थे कि बाधाएँ हैं। वे उन्हें बी.पी.सी.एल., कंटेनर कॉरपोरेशन इत्यादि जैसी कंपनियों के लिए स्वीकार करते हैं; लेकिन उन्हें अभी भी लगता है कि वे आगे बढ़ेंगे। क्या आप मानते हैं कि यह एक बड़ा विषय होने जा रहा है, जिस पर इस बार फिर से विचार किया जाएगा?

अधिकांश पस्त शेयरों में यह धातु हो सकता है, यह सार्वजनिक क्षेत्र हो सकता है। धातु, सार्वजनिक क्षेत्र, पस्त स्टॉक के अन्य क्षेत्र, अन्य क्षेत्र, जहाँ वर्षों से बाजार में कुल अविश्वास रहा है। मुझे लगता है कि यही वह जगह है, जहाँ सबसे ज्यादा रिटर्न आएगा।

राकेश झुनझुनवाला : नहीं सर, देखिए, सार्वजनिक क्षेत्र के लिए दो हिस्से हैं। एक रणनीतिक विनिवेश है, लेकिन आप अन्य मूल्यांकन को कैसे सँभालते हैं। आज आप एच.पी.सी.एल., बी.पी.सी.एल. के इतने सारे स्टॉक देखते हैं, शायद कोचीन शिपयार्ड—मैं बहुत सारे स्टॉक का नाम नहीं लेना चाहता और मेरे पास उनमें से कोई भी नहीं है। शायद एच.पी.सी.एल. में छोटा स्वामित्व है। सवाल यह है—एक यह है कि आपको रणनीतिक विनिवेश द्वारा मूल्य का एहसास होना चाहिए। आपको मूल्य का एहसास कब होगा? जब मालिक अपने हिस्से के साथ अच्छा व्यवहार करे। एच.पी.सी.एल. द्वारा

बायबैक पहला संकेतक है कि भारत सरकार अब सावधान रहना चाहती है और अपनी संपत्ति के मूल्यांकन को बढ़ाने के लिए काम करना चाहती है। यह एक ऐसा माध्यम है, जिससे मुझे लगता है कि सार्वजनिक क्षेत्र के शेयरों का मूल्य बढ़ेगा। भारत सरकार द्वारा अपनी संपत्ति के साथ बेहतर व्यवहार करने के दृष्टिकोण में एक बुनियादी बदलाव—न केवल एच.पी.सी.एल. को आई.ओ.सी. को बेचना, आर.ई.सी. को पी.एफ.सी. को बेचना, बल्कि चीजों को अधिक विचारशील तरीके से करना, जो शेयरधारक मूल्य पैदा करेगा और पहला संकेतक है एच.पी.सी.एल. द्वारा बायबैक। मुझे नहीं लगता कि यह सरकार के उच्चतम स्तर पर ज्ञान और सहमति के बिना हुआ है। यह मेरा अनुमान है।

यह एक तरीका है, जिससे सार्वजनिक क्षेत्र के शेयरों का मूल्य प्राप्त होगा और दूसरा, निश्चित रूप से एक रणनीतिक निवेश है और तीसरा, संपत्ति मुद्रीकरण है और उनके पास है। मुझे बताया गया है कि उनसे वादा किया जाता है कि कोई ई.टी.एफ. नहीं होगा। रणनीतिक विनिवेश के अलावा कोई बिक्री नहीं और वे उस संपत्ति को बेहतर तरीके से समझेंगे और उन्हें बेतरतीब ढंग से विनिवेश नहीं करेंगे। मुझे लगता है कि इससे बड़े पैमाने पर सार्वजनिक क्षेत्र के शेयरों का पुनर्मूल्यांकन और पुनर्मूल्यांकन हो सकता है। इसलिए रणनीतिक बिक्री अंतिम है। लेकिन ऐसे अन्य कारक हैं, जो बेहतर मूल्यांकन की ओर ले जाएँगे।

यह एक तरीका है, जिससे सार्वजनिक क्षेत्र के शेयरों का मूल्य प्राप्त होगा और दूसरा, निश्चित रूप से एक रणनीतिक निवेश है और तीसरा, संपत्ति मुद्रीकरण है और उनके पास है। मुझे बताया गया है कि उनसे वादा किया जाता है कि कोई ई.टी.एफ. नहीं होगा।

सवाल : तो आप एक पुनः रेटिंग की आशा करते हैं, यदि निश्चित रूप से यह सुसंगत रणनीति न केवल रणनीतिक विनिवेश पर

है, बल्कि सार्वजनिक क्षेत्र के शेयरों के लिए शेयरधारक मूल्य बढ़ाने से भी संबद्ध है ?

राकेश झुनझुनवाला : पहला संकेत एच.पी.सी.एल. द्वारा बायबैक है और यह समझ में आता है। मुझे लगता है कि एच.पी.सी.एल. द्वारा इस बायबैक का मतलब है कि वे इसे बहुत अधिक कंपनियों में करने जा रहे हैं—विभिन्न तरीकों से बिना किसी बेतरतीब विनिवेश के, बायबैक द्वारा, किसी भी तरह से। लेकिन इन संपत्तियों के मालिक मुख्य रूप से भारत सरकार को अब एहसास हो गया है कि हमें उनकी संपत्ति के मूल्य को बढ़ाने के लिए शासन और वैध तरीकों के साथ काम करना चाहिए। एच.पी.सी.एल. में बायबैक न केवल एच.पी.सी.एल. के लिए महत्त्वपूर्ण है, बल्कि यह जो संकेत दिया गया है, उसके लिए महत्त्वपूर्ण है। लेकिन मुझे यह भी कोई जानकारी नहीं है कि जो कुछ हुआ है, वह मेरा निर्णय है। यह महसूस करते हुए कि सार्वजनिक क्षेत्र के शेयरों में मूल्यांकन के लिए बहुत जगह है और ऐसा नहीं हो रहा था, क्योंकि सरकार बेतरतीब ढंग से कर रही थी, अब सरकार परिसंपत्तियों का बेहतर प्रबंधन करने जा रही है, जो कि एच.पी.सी.एल. बायबैक इंगित करता है।

□

साक्षात्कार-2

भारतीय शेयर बाजार के 'बिग बुल' राकेश झुनझुनवाला एक प्रख्यात भारतीय शेयर कारोबारी हैं। पेश है उनके साथ एक खास बातचीत।

सवाल : सबसे पहले मैं केंद्रीय बजट पर आपकी राय जानना चाहूँगा मि. झुनझुनवाला। आपको क्या लगता है, ये जो केंद्रीय बजट है, वह मंशा और उद्देश्य, दोनों ही लिहाज से क्या अर्थव्यवस्था को तेज गति देने में सक्षम होगा? क्योंकि भारत में अर्थव्यवस्था पूरी ताकत से कोविड से बाहर निकल आई है, तो क्या यह बजट इसे रफ्तार देगा?

झुनझुनवाला : देखिए, मिस्टर मोदी और उनकी सरकार जो कर रही है, वह दूरगामी हितों के लिए है, थोड़े समय के फायदे के लिए नहीं। और मेरे हिसाब से इस बजट में कई दूरगामी संदेश हैं। सबसे पहले मैं सोचता हूँ कि भारत में जी.डी.पी. की तुलना में टैक्स का अनुपात और इस साल के बजट में टैक्स का संग्रह अनुमान से काफी अधिक होगा। यह हमें संकेत दे रहा है कि भारत में जी.डी.पी. के मुकाबले टैक्स का अनुपात बढ़ रहा है। जब ऐसा होगा तभी हम सामाजिक कल्याण और बुनियादी ढाँचे पर अधिक पैसे खर्च कर सकेंगे। मुझे लगता है, यह काफी बड़ा संदेश है। फिर मैं सोचता हूँ कि एक सीमा से अधिक मुफ्त की चीजें न देना, वह कहते हैं न कि आप किसी व्यक्ति को एक मछली दें तो वह रोज उसे खा लेगा। अगर आप उसे मछली पकड़ना सिखा दें

तो वह आत्मनिर्भर हो जाएगा। इसलिए मेरे हिसाब से भारत के करोड़ों लोगों के लिए रामबाण है विकास। विकास से ही नौकरियाँ बढ़ेंगी, समाज कल्याण बढ़ेगा और मैं पढ़ रहा था कि सरकार भारत में चिप (सेमीकंडक्टर) बनाने के लिए 10 बिलियन डॉलर की सब्सिडी देने के लिए तैयार है। इसलिए सरकार में कार्यनीति के स्तर पर काफी सोच-विचार दिख रहा है। इसलिए मैं समझता हूँ कि विकास ही प्राथमिकता है। सारे भारतीयों के दूरगामी फायदे के लिए यही सबसे जरूरी चीज है, अमीर-गरीब जो भी हों। दूसरी चीज मैं देख रहा हूँ कि हर कोई बुनियादी ढाँचे में जो निवेश का प्रस्ताव है, उससे पैदा होनेवाली नौकरियों पर जोर दे रहा है। मुझे लगता है, सरकारी निवेश ज्यादा जरूरी है, लेकिन उससे भी बड़ा है निजी क्षेत्र का निवेश। अगर आप किसी को भी देखें, मिस्टर अडानी, मिस्टर अंबानी, मिस्टर अनिल अग्रवाल है न, सभी भारत में निवेश करना चाहते हैं। और एक जरूरी बात जिसका जिक्र किसी ने नहीं किया है। सभी बुनियादी ढाँचे पर खर्च की बात कर रहे हैं, लेकिन आधारभूत संरचना पर निवेश से क्या होगा? इससे यह होगा कि उद्योग अधिक प्रतिस्पर्धी और कार्य-कुशल होंगे। हमें यह नहीं भूलना चाहिए। मुझे लगता है कि बुनियादी ढाँचे पर पूँजी व्यय में यह बेहद जरूरी बात है। और यह एक साहसिक राजनीतिक बयान है, क्योंकि सरकार ने लोकलुभावन कदमों की जगह विकास और राजकोषीय विवेकशीलता को तरजीह दी है। मुझे लगता है, यह बहुत ही बड़ा संदेश है और भारत जो भी कर रहा है।

मुझे लगता है, सरकारी निवेश ज्यादा जरूरी है, लेकिन उससे भी बड़ा है निजी क्षेत्र का निवेश। अगर आप किसी को भी देखें, मिस्टर अडानी, मिस्टर अंबानी, मिस्टर अनिल अग्रवाल है न, सभी भारत में निवेश करना चाहते हैं। और एक जरूरी बात जिसका जिक्र किसी ने नहीं किया है।

सवाल : क्या आपको लगता है कि भारत में नीति निर्माण में कोई बड़ा बदलाव आया है? बजट दस्तावेज बिल्कुल पारदर्शी है, टैक्स में कोई बदलाव नहीं है, जब कोविड टैक्स या टैक्स में कुछ बदलाव आ सकते थे। नीति-निर्माण कहीं ज्यादा स्पष्ट है और यह उद्यमिता को सहयोग देने के लिहाज से अधिक स्थिर है।

झुनझुनवाला : देखिए, अंततोगत्वा भारत का निर्माण उद्यमी ही करेंगे। ठीक है? सरकार के पास बिजनेस करने की कोई वजह नहीं है। मुझे लगता है मिस्टर मोदी ने यह बात संसद् में कही है। और वह उचित जोखिम उठाए जाने को सम्मान और बढ़ावा देना चाहते हैं। मुझे लगता है, इस देश में कोई पूँजीवाद नहीं है, कोई समाजवाद नहीं है, यहाँ यथार्थवाद है। वित्त में सरकार जितनी पारदर्शिता लेकर आ रही है, वह काफी उत्साहजनक है। आज हमारे पास सबसे अधिक विदेशी मुद्रा भंडार है, है न। हमारा बजट बिल्कुल पारदर्शी है। अब कोई भी असंतुलन पैदा करनेवाली चीज नहीं है। एफ.सी.आई. का कर्ज चुका दिया गया है। एयर इंडिया का कर्ज चुका दिया गया है। मैं इस बात को लेकर काफी आशावादी हूँ कि इस देश में जी.डी.पी. और टैक्स का अनुपात सच में अप्रत्याशित ऊँचाई को छुएगा और इससे सरकारी खर्च उचित और अच्छा होगा।

अंततोगत्वा भारत का निर्माण उद्यमी ही करेंगे। ठीक है? सरकार के पास बिजनेस करने की कोई वजह नहीं है। मुझे लगता है मिस्टर मोदी ने यह बात संसद् में कही है। और वह उचित जोखिम उठाए जाने को सम्मान और बढ़ावा देना चाहते हैं।

सवाल : लेकिन यह बड़ा जोखिम क्या ऐसे समय पर उठाया रहा है, जब आम तौर पर मुद्रास्फीति अधिक है और यह बजट तथा खर्च के लिहाज से देखें तो अगर आपूर्ति की दिक्कतों को दूर नहीं किया गया तो इससे मुद्रास्फीति बढ़ सकती है।

झुनझुनवाला : मैं नहीं जानता कि इससे मुद्रास्फीति बढ़ेगी या नहीं। अधिकांश मुद्रास्फीति वस्तु मुद्रास्फीति होती है और कई वस्तुएँ अंतरराष्ट्रीय कीमतों से जुड़ी हैं। इसलिए भारत की पाँच प्रतिशत की खपत से वस्तुओं की कीमतों में तेजी नहीं आएगी। भारत आज भी सारी वस्तुओं का इतना बड़ा उपभोक्ता नहीं है, जिससे कि भारतीय खपत से कीमतों में उछाल आ जाए। खाद्य महँगाई दर तो बिल्कुल भी ज्यादा नहीं है। और 4-5 प्रतिशत मुद्रास्फीति तो अपेक्षित होती है।

> ***पूँजी व्यय अब होनेवाला है। हमारे पास एक ऊर्जावान कॉरपोरेट सेक्टर है। और हम 140 करोड़ भारतीय हैं। जहाँ 2 लाख लोग रोज पैदा होते हैं, खाने के लिए वहाँ क्या मंदी होगी? इसलिए मैं काफी आशावान हूँ और यह भी कहना चाहूँगा कि भले ही बजट के आँकड़े पारंपरिक हैं, आर्थिक सर्वे ने 8 से साढ़े 8 प्रतिशत के वास्तविक विकास का अनुमान लगाया है।***

सवाल : 4-6 प्रतिशत भारत में औसत महँगाई दर है। तो क्या आप एक ऐसी अर्थव्यवस्था का अनुमान लगा रहे हैं, जहाँ सरकार के पास प्रचुरता की समस्या है। कॉरपोरेट बैलेंस शीट में बिल्कुल भी हेरफेर नहीं होता, ग्रामीण बैलेंस शीट के अपवाद को छोड़ दें तो रिटेल बैलेंस शीट ने वापसी की है। तो क्या कभी ऐसा हुआ है कि सेल्स के लिहाज से भारत के लिए इतनी अच्छी स्थिति रही है?

झुनझुनवाला : इस वजह से ही तो मैं कह रहा हूँ कि कर्ज का चक्र अब पीछे छूट चुका है। पूँजी व्यय अब होनेवाला है। हमारे पास एक ऊर्जावान कॉरपोरेट सेक्टर है। और हम 140 करोड़ भारतीय हैं। जहाँ 2 लाख लोग रोज पैदा होते हैं, खाने के लिए वहाँ क्या मंदी होगी? इसलिए मैं काफी आशावान हूँ और यह भी कहना चाहूँगा कि भले ही बजट के आँकड़े पारंपरिक हैं,

आर्थिक सर्वे ने 8 से साढ़े 8 प्रतिशत के वास्तविक विकास का अनुमान लगाया है। इसलिए मैं समझता हूँ कि भारत अब 10 प्रतिशत विकास के सपने देख रहा है और यह संभव है। ज्यादा महत्त्वपूर्ण है कारोबार में आसानी, सरकार के रवैए में बदलाव, पी.एल.आई. स्कीम मेरे हिसाब से जबरदस्त हिट होगी और अगले साल...मैं कहूँगा कि 65 भारतीय आर्थिक सेवाओं को भी मत भूलिए। ट्रांसपोर्ट, ट्रेड, हॉस्पिटैलिटी, जिनका बड़ा योगदान रहता था और जिन्हें पिछले साल काफी नुकसान हुआ, इसलिए इन तीनों क्षेत्रों में अगले साल विकास काफी अधिक रहेगा।

सवाल : तो अगर हम मानें या नहीं मानें, तब भी हम एक नए क्रेडिट साइकिल में हैं। हम नए कैपिटल साइकिल पर सवार हो चुके हैं और अर्निंग साइकिल की सवारी कर रहे हैं। तो यह क्रेडिट साइकिल और अर्निंग साइकिल पिछले साइकिल से कैसे अलग होगी?

मुझे नहीं लगता कि यह किसी भी तरह से अलग होगी। कॉरपोरेट मुनाफा में हर साल बढ़ोतरी होगी, जब कॉरपोरेट में जी.डी.पी. का चार प्रतिशत विकास है, अमेरिका में 10-10 प्रतिशत है। 2008 में हम आठ प्रतिशत पर थे।

झुनझुनवाला : मुझे नहीं लगता कि यह किसी भी तरह से अलग होगी। कॉरपोरेट मुनाफा में हर साल बढ़ोतरी होगी, जब कॉरपोरेट में जी.डी.पी. का चार प्रतिशत विकास है, अमेरिका में 10-10 प्रतिशत है। 2008 में हम आठ प्रतिशत पर थे। इसलिए मैं समझता हूँ कि अगले पाँच वर्षों में हम जी.डी.पी. के आठ प्रतिशत पर पहुँच जाएँगे तो आप कल्पना कीजिए कि 4-5 साल में अगर जी.डी.पी. का 5 लाख करोड़ करोड़ होगा तो आप जानते हैं कि कॉरपोरेट सेक्टर का मुनाफा आठ प्रतिशत के हिसाब से इतना होगा कि यकीन न हो। 40 लाख करोड़।

सवाल : मैं जब कहता हूँ कि प्रॉफिट साइकिल नहीं, बल्कि जो

सेक्टर इसमें योगदान करेंगे, क्योंकि पिछला क्रेडिट साइकिल या रनिंग साइकिल था पावर, सीमेंट, स्टील। तो क्या यह उससे अलग होगा?

झुनझुनवाला : नहीं, सभी को मुनाफा मिलेगा। मैं कहूँगा कि आई.टी. में मुझे इस साइकिल में ज्यादा अंतर नहीं दिखता। आई.टी. में भारत निर्यातक है और बहुत बड़ा निर्यातक है। तो आई.टी. तो शाश्वत है। मैं मेटल्स, इंफ्रास्ट्रक्चर, हॉस्पिटैलिटी को लेकर काफी बुलिश हूँ।

यह तो समय ही बताएगा। लेकिन अमेरिका में कुछ फैक्टर हैं, जो पलटने वाले हैं और वह है सेकेंड-हैंड कारों की कीमतें। अमेरिका में बरबादी एक निश्चित अवधि तक ही होगी। लोगों को वहाँ चेक भेज दिए जाते हैं। जब वे चेक खत्म हो जाएँगे, तब उनके पास काम पर आने के सिवाय कोई रास्ता नहीं बचेगा।

सवाल : क्या महँगाई दर को लेकर देश और विदेश में जो डर है, वह जरूरत से ज्यादा है?

झुनझुनवाला : यह तो समय ही बताएगा। लेकिन अमेरिका में कुछ फैक्टर हैं, जो पलटने वाले हैं और वह है सेकेंड-हैंड कारों की कीमतें। अमेरिका में बरबादी एक निश्चित अवधि तक ही होगी। लोगों को वहाँ चेक भेज दिए जाते हैं। जब वे चेक खत्म हो जाएँगे, तब उनके पास काम पर आने के सिवाय कोई रास्ता नहीं बचेगा। इसलिए यह कहना मुश्किल है कि महँगाई दर के आँकड़े उम्मीद से ज्यादा नहीं बढ़ेंगे। बात यह है कि दुनिया में सबसे ज्यादा पैसों की छपाई जापान करता है और जापान में मुद्रास्फीति नहीं है। इसलिए कम महँगाई दर जनसंख्या से जुड़ा होता है, है न, जहाँ आबादी नहीं बढ़ती है। और दूसरी तकनीक, जो लागत को कम करती है।

सवाल : हमने ग्लोबल इक्विटी मार्केट में अफरा-तफरी का माहौल देखा है, जब से फेड ने दिसंबर और जनवरी की शुरुआत में

अपनी नीतियों को बदला। लेकिन अमेरिकी शेयर बाजार काफी परिपक्व है। 10 साल का पेपर इस तरह की मुद्रास्फीति में तीन या साढ़े तीन फीसदी से ऊपर नहीं गया। ऐसा क्यों है ?

झुनझुनवाला : कारण यह है कि अमेरिका में ब्याज की दर 1.25 फीसदी होने का अनुमान है। ये 1.25 प्रतिशत होता ही क्या है ? और स्टॉक मार्केट दरों में बढ़ोतरी के हर साइकिल के साथ ऊपर गया है। इसलिए मैं महँगाई में दर में क्या होगा, इसकी भविष्यवाणी नहीं कर सकता, लेकिन मुझे लगता है कि बाजार मुद्रास्फीति के लिए तैयार है।

कारण यह है कि अमेरिका में ब्याज की दर 1.25 फीसदी होने का अनुमान है। ये 1.25 प्रतिशत होता ही क्या है ? और स्टॉक मार्केट दरों में बढ़ोतरी के हर साइकिल के साथ ऊपर गया है। इसलिए मैं महँगाई में दर में क्या होगा, इसकी भविष्यवाणी नहीं कर सकता, लेकिन मुझे लगता है कि बाजार मुद्रास्फीति के लिए तैयार है।

सवाल : आपकी एक बात मशहूर है कि ब्याज की दर गुरुत्वाकर्षण की तरह काम करती है। अब हम बहस कर सकते हैं कि इसमें तीन या चार बार बढ़ोतरी होगी, लेकिन दुनिया में और देश में हम असाधारण रूप से कम ब्जाय दर देख सकते हैं, यह निश्चित है। यह अधिक ब्याज दर के गुरुत्वाकर्षण का नियम कब पूँजीपति वर्ग को प्रभावित करना शुरू करेगा ?

झुनझुनवाला : देखिए, जब उछाल का समय आता है और मैं अमेरिका का नहीं जानता, लेकिन भारत की जहाँ तक बात है तो मैं नहीं समझता कि ब्याज में 100-200 बेसिस प्वॉइंट की बढ़ोतरी का कॉरपोरेट निवेश पर कोई असर पड़ेगा। असर घरों की खपत पर पड़ेगा, क्योंकि आप उसकी दर 6.8 प्रतिशत और होम लोन की 6.5 प्रतिशत पर नहीं

रख सकते हैं। मुझे नहीं लगता कि कोई दूसरा सेक्टर इतनी बुरी तरह प्रभावित होगा।

सवाल : साल की शुरुआत में दो चीजें हुईं, जिसका इंतजार सभी को था। एक था फेड और दूसरा बजट। दोनों के जोखिम से अब हम आगे बढ़ चुके हैं। अब कौन सी बड़ी बात है, जिस पर बाजार की नजर रहनी चाहिए?

इसका अनुमान कोई भी नहीं लगा सकता है। हमारे पास सिर्फ दो या तीन महीने ही आते हैं, जब कोई नया वेरिएंट नहीं आता। जब ये सर्दी-जुकाम जैसा हो जाएगा तो मुझे लगता है, हम इससे आगे बढ़ जाएँगे और फिर जब सरकार सामान्य कामकाज को जितना होने देगी, क्योंकि ये अब सर्दी-जुकाम जैसा हो गया है।

झुनझुनवाला : मैं समझता हूँ कोविड का समापन। ये सबसे बड़ी चीज है। और सरकार की ओर से विनिवेश को जारी रखना।

सवाल : बाजार के लिहाज से देखें तो कोविड और कोविड एडजस्टमेंट अब इतिहास बन चुका है। क्या बाजार इससे आगे बढ़ चुका है?

झुनझुनवाला : इसका अनुमान कोई भी नहीं लगा सकता है। हमारे पास सिर्फ दो या तीन महीने ही आते हैं, जब कोई नया वेरिएंट नहीं आता। जब ये सर्दी-जुकाम जैसा हो जाएगा तो मुझे लगता है, हम इससे आगे बढ़ जाएँगे और फिर जब सरकार सामान्य कामकाज को जितना होने देगी, क्योंकि ये अब सर्दी-जुकाम जैसा हो गया है। बस एक बात है कि यह बहुत ज्यादा असरदार है।

सवाल : मैंने पिछले साल फरवरी में आपसे यह सवाल पूछा था। एक बार फिर से वही पूछना चाहूँगा। यह सवाल ट्रेन से मुंबई में चर्चगेट से चाँदीवली तक के सफर पर आधारित था। अगर बाजार में तेजी शुरू

होती है तो वह चर्चगेट से चाँदीवली तक जाती है। पिछले साल मार्च में आपने मुझसे कहा था कि बाजार की तेजी सिर्फ चर्नी रोड तक पहुँची है। क्या बुल मार्केट उससे आगे गया है?

झुनझुनवाला : शायद चर्नी रोड से शुरू होकर सेंट्रल तक।

सवाल : अच्छा, तो इसका मतलब है, अभी बहुत दूर जाना है?

झुनझुनवाला : हाँ।

सवाल : क्या आपको आश्चर्य होगा, अगर इस बुल मार्केट में निफ्टी 15 हजार से नीचे चला जाए?

झुनझुनवाला : होने को कुछ भी हो सकता है और निफ्टी 15 हजार से नीचे जाता है तो यह बुल मार्केट का पीछे लौटना नहीं होगा। लेकिन मुझे लगता है, इसकी आशंका बहुत कम है।

होने को कुछ भी हो सकता है और निफ्टी 15 हजार से नीचे जाता है तो यह बुल मार्केट का पीछे लौटना नहीं होगा। लेकिन मुझे लगता है, इसकी आशंका बहुत कम है।

सवाल : ग्लोबल टेक्नोलॉजी स्टॉक में हमने जो सेलिंग देखी है, वह असल में सेलिंग नहीं, भगदड़ की स्थिति है। तो जो लंबे समय से होनेवाला था, वह अब हो चुका है?

झुनझुनवाला : यह ग्लोबल टेक्नोलॉजी स्टॉक में भगदड़ की स्थिति नहीं थी, ये बढ़ाए गए मूल्य वाले स्टॉक में भगदड़ थी। जहाँ आप लोगों को सपने बेच रहे थे। मुझे लगता है, यह काफी सही सुधार है।

सवाल : क्या निवेशकों को यह समझ आ गया है कि आखिरकार खरीदारी कंपनियों की होती है, जिनमें कैश फ्लो होता है, न कि सपने खरीदे जाते हैं।

झुनझुनवाला : हम उन्हें क्यों पढ़ाएँ कि उन्हें समझ आया है या नहीं। यह इतिहास बन चुका है। आखिरकार कमाई को कैश के मूल्यांकन का दास होकर रहना पड़ता है। इसलिए कोई भी कुछ समय के लिए आ सकता है, लेकिन इसका ज्यादा फर्क नहीं पड़ता।

सवाल : आप दो सेक्टर को लेकर कीमतों में उछाल का अनुमान लगा रहे थे और आपने कई बार कहा भी—मेटल्स और पी.एस.यू. बैंक। वही आपने हमें एक बड़ा उदाहरण बताया था, श्री सीमेंट 55 के प्री पर ट्रेड कैसे कर रहा है, टाटा स्टील 5 पर क्यों कर रहा है। इनमें सुधार होना चाहिए। मेटल्स ने ठीक-ठाक वापसी कर ली है। क्या आप अब भी मेटल्स के भाव में तेजी का अनुमान लगा रहे हैं?

झुनझुनवाला : हाँ, मैं लगा रहा हूँ।

सवाल : अगर में पूछना चाहूँ कि ऐसा क्यों?

झुनझुनवाला : इस साल टाटा स्टील का ई.बी.आई.टी.ए. (ब्याज, करों और परिशोधन से पहले की कमाई) पूरी सीमेंट इंडस्ट्री से ज्यादा होगा और वैलूएशन सीमेंट इंडस्ट्री का 5 प्रतिशत, 10 प्रतिशत है। मुझे लगता है कि मार्जिन इंडियन ऑपरेशन के 30,000 के साथ सबसे अधिक ऊँचाई पर है। मुझे लगता है कि लंबे समय में प्रति टन 24-25 हजार का मार्जिन बना रहेगा। और उनके विस्तार के साथ टाटा स्टील का बेस ई.बी.आई.टी.ए. 60,000 करोड़ होगा।

इस साल टाटा स्टील का ई.बी.आई.टी.ए. (ब्याज, करों और परिशोधन से पहले की कमाई) पूरी सीमेंट इंडस्ट्री से ज्यादा होगा और वैलूएशन सीमेंट इंडस्ट्री का 5 प्रतिशत, 10 प्रतिशत है।

सवाल : एक निवेशक के रूप में आप एयर इंडिया के निजीकरण को लेकर कितने उत्साहित हैं?

झुनझुनवाला : मैं टाटा स्टील में कारोबारी-निवेशक सबकुछ हूँ। मेरी बातों को अपनी सोच-समझ से लें। (एयर इंडिया पर) मैं काफी खुश हूँ। नेहरूजी के प्रति सम्मान के साथ कहना चाहूँगा कि हमने इसे टाटा से खरीदा। 1 लाख करोड़ का घाटा उठाया और हमने इसे वापस टाटा को बेच दिया। तो मेरी समझ में नहीं आता कि इससे फायदा क्या हुआ?

सवाल : क्या मैं यह कह सकता हूँ कि इस बार टैक्स संग्रह के अलावा सबसे बड़ा संकुचित अनुमान सरकार ने विनिवेश के लक्ष्य को लेकर रखा है ?

झुनझुनवाला : मुझे लगता है, विनिवेश में उन्होंने जो किया है, ठीक किया है, क्योंकि वहाँ काफी अनिश्चितता है। अगर यह उससे ज्यादा हो जाए तो अच्छा है। मुझे लग रहा था कि वे विनिवेश नहीं करेंगे, लेकिन प्रतिक्रिया देखने के बाद और सारे नौकरशाहों और वित्त मंत्री के इंटरव्यू देखने के बाद मुझे लगता है, वे सक्रिय रूप से विनिवेश करेंगे। लेकिन वे इसके लिए तब तक श्रेय नहीं लेना चाहते, जब तक कि ऐसी परिस्थिति बनें, जहाँ वह क्रेडिट लें और वैसा कुछ हो नहीं।

मुझे लगता है, विनिवेश में उन्होंने जो किया है, ठीक किया है, क्योंकि वहाँ काफी अनिश्चितता है। अगर यह उससे ज्यादा हो जाए तो अच्छा है। मुझे लग रहा था कि वे विनिवेश नहीं करेंगे, लेकिन प्रतिक्रिया देखने के बाद और सारे नौकरशाहों और वित्त मंत्री के इंटरव्यू देखने के बाद मुझे लगता है, वे सक्रिय रूप से विनिवेश करेंगे।

सवाल : ठीक है, पी.एस.यू. बैंकों ने काफी अच्छा किया है। आपने कहा कि यह सेक्टर ऐसा था, जिसने 10 साल तक औसत प्रदर्शन किया। और 2020 में आपने इस सेक्टर में काफी क्षमता का पता लगाया। अब स्टॉक में तेजी आई है। क्या फिर से जो रेटिंग की गई, पूरी हो चुकी है ?

झुनझुनवाला : वह अभी शुरू हुई है।

सवाल : आप ऐसा किस कारण कह रहे हैं ?

झुनझुनवाला : इसलिए कि मुझे लगता है कि कीमतें काफी ऊपर जाएँगी। टाइटन जब 40 से 150 पर चला गया, तब आपने क्या सोचा था। टाइटन का न्यूनतम 30 रुपए था और यह 150 पर गया और आज

मैं समझता हूँ कि इसकी इफेक्टिव कीमत 50,000 है।

सवाल : कई ग्लोबल बोकर्स के बीच इस तरह की चर्चा है कि भारतीय बाजार अन्य उभरते बाजारों के प्रीमियम पर कारोबार कर रहा है।

झुनझुनवाला : कहने दो, उन्होंने बेचा न 1 लाख 37 हजार करोड़, फिर भी बाजार स्थिर है। आपकी जो राय है, ठीक है न यार, आप भगवान् नहीं हो। आपने बेचा तो क्या हो गया।

सवाल : आपने हमेशा कहा है कि घरेलू निवेशक लौटेंगे और वे लौट आए हैं। क्या वे यहाँ रुकेंगे? क्या परिसंपत्ति का आवंटन बना रहेगा?

झुनझुनवाला : लोग कहते हैं, 8 करोड़ डीमैट अकाउंट खुले हैं, बाकी 80 करोड़ का क्या होगा। आनेवाले समय में भारत के पास 2 से 2.5 बिलियन डॉलर की बचत होगी। यह पैसा कहाँ जाएगा। यह 2 से 2.5 ट्रिलियन डॉलर हो जाएगा।

लोग कहते हैं, 8 करोड़ डीमैट अकाउंट खुले हैं, बाकी 80 करोड़ का क्या होगा। आनेवाले समय में भारत के पास 2 से 2.5 बिलियन डॉलर की बचत होगी। यह पैसा कहाँ जाएगा। यह 2 से 2.5 ट्रिलियन डॉलर हो जाएगा।

सवाल : तो आपका कहना है कि यह बस भारतीय निवेशकों की ओर से परिसंपत्तियों के आवंटन में बदलाव है?

झुनझुनवाला : हाँ, पहले वित्तीय परिसंपत्तियों में और फिर वित्तीय सहायता में। देखिए, बचत के चार तरीके हैं। पहला है, रियल एस्टेट, गहने, अपने कारोबार में निवेश या वित्तीय परिसंपत्तियों में निवेश। तो वित्तीय परिसंपत्तियों में जितना प्रतिशत निवेश हो रहा है, वह बहुत तेजी से बढ़ेगा। बचत में बहुत तेजी आएगी और शेयर बाजार में जिस हिसाब से वित्तीय परिसंपत्तियों का हिस्सा आएगा, उसमें भी बढ़ोतरी होगी। तो यह जबरदस्त रूप से बढ़नेवाली है।

सवाल : भारतीय बाजार इस वक्त प्रीमियम पर कारोबार कर रहे हैं। दूसरे बाजारों से हम अधिक प्रीमियम पर कारोबार कर रहे हैं। क्या यह सही है?

झुनझुनवाला : हम हमेशा से ही प्रीमियम पर कारोबार कर रहे थे। जापान जब सबसे नीचे था, तब भी अमेरिका से अधिक प्रीमियम पर था। हम हमेशा प्रीमियम पर ट्रेड करते हैं।

सवाल : क्या यह इसी स्तर पर रहेगा, क्योंकि कमाई, कॉरपोरेट शासन, सरकार की नीतियाँ हैं?

झुनझुनवाला : जिस दिन लोग भारतीय अर्थव्यवस्था के विकास को लेकर चलेंगे। और जब हम उस कॉरपोरेट मुनाफे पर पहुँचेंगे, जो जी.डी.पी. का आठ प्रतिशत होगा, उस दिन वे सिकुड़ जाएँगे।

> *जिस दिन लोग भारतीय अर्थव्यवस्था के विकास को लेकर चलेंगे। और जब हम उस कॉरपोरेट मुनाफे पर पहुँचेंगे, जो जी.डी.पी. का आठ प्रतिशत होगा, उस दिन वे सिकुड़ जाएँगे।*

सवाल : कोविड की शुरुआत में आपने कहा था कि मैं टाटा ग्रुप की कंपनियों का एक बेहद, बेहद, बेहद खुश निवेशक हूँ। और उनमें से कुछ कंपनियों ने उल्लेखनीय वापसी की है, चाहे टाटा मोटर्स हो, टाटा कंज्यूमर्स, यहाँ तक कि टाटा कम्युनिकेशन। क्या इसके पीछे एक समय पर टाटा ग्रुप की कंपनियों द्वारा की गई ड्रिप्रेस्ड री-रेटिंग है?

झुनझुनवाला : मैं इस सवाल का जवाब नहीं दे सकता। यह हमारे आगे है या पीछे है। मैं कीमतों को लेकर काफी तेजी का अनुमान लगा रहा हूँ। मैं अब भी सोचता हूँ कि यह लंबा सफर है।

सवाल : टाटा कुछ बेहद दिलचस्प करने का प्रयास कर रहे हैं, क्योंकि ईवी चेन के जरिए टाटा मोटर्स, पावर, टाटा केमिकल्स के जरिए आगे बढ़ रहे हैं। क्या आप ईवी क्षेत्र और जो टाटा कर रहे हैं, उसे लेकर उत्साहित हैं?

झुनझुनवाला : मैं वाहनों के क्षेत्र को लेकर काफी उत्साहित हूँ। मैं समझता हूँ कि वे भारत में और इलेक्ट्रिक वाहनों की दुनिया के सबसे बड़े खिलाड़ी बन जाएँगे। दुनिया में दस हजार डॉलर में इलेक्ट्रिक कार आपको कहाँ मिल जाएगी ?

सवाल : पिछली बार जब हम मिले थे, तब आपने कहा था कि टाटा मोटर्स, जिसमें आपने निवेश किया है, वह बहुत बड़े बदलाव के कगार पर है। कौन सी नई कंपनी परिवर्तन के कगार पर है ?

झुनझुनवाला : मैं ढूँढ़ रहा हूँ और जब मिल जाएगी तो आपसे बात करूँगा।

मैं वाहनों के क्षेत्र को लेकर काफी उत्साहित हूँ। मैं समझता हूँ कि वे भारत में और इलेक्ट्रिक वाहनों की दुनिया के सबसे बड़े खिलाड़ी बन जाएँगे। दुनिया में दस हजार डॉलर में इलेक्ट्रिक कार आपको कहाँ मिल जाएगी ?

सवाल : आपको टाटा समूह के स्टॉक अच्छे क्यों लगे, इसके पीछे जो दलील दी जाती है, वह यह है कि आपने कहा कि चंद्रा कैश फ्लो के हिसाब से काम करते हैं, उन्हें तकनीक की समझ है, कौशल की समझ है और वे साइज की बात करते हैं।

झुनझुनवाला : वे जोखिम उठानेवाले एक समझदार व्यक्ति हैं। आक्रामक लेकिन समझदार जोखिम उठानेवाले।

सवाल : तो टाटा ग्रुप और जो चंद्रा कर रहे हैं, उसके पीछे आपकी जो धारणा थी, वह खत्म हो चुकी है ?

झुनझुनवाला : बिल्कुल।

सवाल : आपने पी.एस.यू. बैंकों का जिक्र किया, लेकिन पिछले एक साल में प्राइवेट बैंकों ने हिस्सा नहीं लिया है। एच.डी.एफ.सी. ने नहीं लिया।

झुनझुनवाला : यही मेरा कहना है कि अगले तीन साल में कीमत

और प्रदर्शन में पी.एस.यू. बैंक प्राइवेट सेक्टर के बैंकों को बहुत पीछे छोड़ देंगे।

सवाल : लेकिन क्रेडिट साइकिल अगर शुरू होती है तो प्राइवेट बैंक भी कॉरपोरेट कर्ज देने लगेंगे?

झुनझुनवाला : वे कॉरपोरेट लेंडिंग करेंगे, लेकिन वे पहले से भी ऐसा कर रहे थे। और उनकी लागत और आय का अनुपात कम है। उनके कर्ज, उनके एन.पी.ए. कम थे। इसलिए आपने प्राइवेट बैंकों का सबसे अच्छा समय देखा है। और वैलुएशन में अंतर ही कहाँ है। दोगुना होने के बाद केनरा बैंक का मार्केट कैप 45 हजार करोड़ है। उसकी बुक आई.सी.आई.सी.आई.सी. बैंक जितनी बड़ी है, इसलिए मैं यह नहीं कह रहा कि दूसरे बैंक अच्छा प्रदर्शन नहीं करेंगे। मुझे लगता है कि पी.एस.यू. बैंक बहुत अच्छा प्रदर्शन करेंगे।

वे कॉरपोरेट लेंडिंग करेंगे, लेकिन वे पहले से भी ऐसा कर रहे थे। और उनकी लागत और आय का अनुपात कम है। उनके कर्ज, उनके एन.पी.ए. कम थे। इसलिए आपने प्राइवेट बैंकों का सबसे अच्छा समय देखा है। और वैलुएशन में अंतर ही कहाँ है।

सवाल : आपकी तीन प्राइवेट कंपनियाँ बीते दो साल में पब्लिक हो गई हैं—नजारा, मेट्रो, स्टार। निवेशक के रूप में आपको मूल्य कहाँ ज्यादा दिखता है—निजी क्षेत्र में या सार्वजनिक क्षेत्र में?

झुनझुनवाला : देखिए, मेरा नियम यही है कि मेरा कोई नियम नहीं है। इसलिए हम हालात देखते हैं। अलग-अलग कंपनी के हालात। यह नहीं देखते कि पब्लिक है, प्राइवेट है।

सवाल : मैं एक बयान निकालता हूँ, जो पिछले मार्च का है। आपने कहा कि मैं काफी खुश हूँ और अगर आप मुझे 5 हजार करोड़ देंगे तो मैं एक हफ्ते में खरीदारी कर सकता हूँ। उस 5 हजार करोड़

की सब्सिडी दे दीजिए, मतलब आपका कहना है कि बाजार में पर्याप्त अवसर हैं?

झुनझुनवाला : हाँ, अगर मेरे पास पैसा है तो मुझे काफी अवसर दिखते हैं।

सवाल : आप उसका निवेश सावधानी से कर सकते हैं, यह मान लें?

झुनझुनवाला : हाँ, मैं कर सकता हूँ।

सवाल : मिस्टर झुनझुनवाला, आपका एक बयान है जो आप अकसर अलग-अलग मंच पर देते हैं। वह है, 'मैंने पैसा ट्रेडिंग से कमाया है, लेकिन एक सामान्य निवेशक को ट्रेड नहीं करना चाहिए।' यह बयान आगे इस तरह है, 'डैडी कहते थे व्हिस्की मत पीयो पर खुद पीते थे।' यह क्या था?

झुनझुनवाला : ऐसे कई पुराने उदाहरण हैं कि अगर 100 लोग ट्रेडिंग में आते हैं तो 99 लोग पैसा गँवा देते हैं। लेकिन ट्रेडिंग काफी रोमांचक है, इसलिए लोग करना चाहते हैं।

ऐसे कई पुराने उदाहरण हैं कि अगर 100 लोग ट्रेडिंग में आते हैं तो 99 लोग पैसा गँवा देते हैं। लेकिन ट्रेडिंग काफी रोमांचक है, इसलिए लोग करना चाहते हैं।

सवाल : अगर आपको बाजार को दो या तीन हिस्सों में बाँटना हो, जैसा कि आप हमेशा से करते आए हैं, तो भारत का मार्केट कैप तीन ट्रिलियन डॉलर का है, तो मार्केट का कितना हिस्सा आपके हिसाब से जरूरत से ज्यादा कीमत पर है, कितना समझ में आने लायक है।

झुनझुनवाला : देखिए, मैं अपने स्टॉक्स को देख रहा हूँ, ठीक है। टाइटन जो अपने पूरे जीवन में ज्यादा कीमत वाला रहा है। अगर मैं ओवर-प्राइस और अंडर-प्राइस की इस थ्योरी पर गया होता तो मैं टाइटन को 2500 पर बेच चुका होता। आज यह पचास हजार का है।

सवाल : ऐसा क्यों होता है? क्यों स्टॉक कई गुना प्रीमियम को बनाए रखते हैं?

झुनझुनवाला : क्योंकि कॉरपोरेट शासन में तरक्की की संभावना होती है। पारदर्शिता होती है, कैश फ्लो है, मार्केट लीडरशिप है।

सवाल : दो तरह के महँगे स्टॉक होते हैं, एक—जैसा कि आपने कहा कंपनियाँ जो कल्पना और इवैलुएशन पर बनी होती हैं और दूसरा—कंपनियाँ जैसे कि टाइटन या एशियन पेंट्स या पिडीलाइट। ये जबरदस्त कंपनियाँ हैं, लेकिन वे महँगी हैं। दूसरी जो कंपनियाँ हैं, इनका क्या भविष्य है, जो अच्छी कंपनियाँ हैं, लेकिन प्राइस मल्टीपल सही नहीं हैं?

झुनझुनवाला : प्राइस मल्टीपल में करेक्शन भी हो सकता है। हो सकता है, दो साल की कमाई को डिस्काउंट किया गया हो, लेकिन उसके बाद क्या? मैंने टाइटन के 5 करोड़ शेयर बेचे हैं। और मैंने जब भी बेचा है, कीमतें ऊपर गई हैं।

प्राइस मल्टीपल में करेक्शन भी हो सकता है। हो सकता है, दो साल की कमाई को डिस्काउंट किया गया हो, लेकिन उसके बाद क्या? मैंने टाइटन के 5 करोड़ शेयर बेचे हैं। और मैंने जब भी बेचा है, कीमतें ऊपर गई हैं।

सवाल : मैं थोड़ा पीछे चलता हूँ। साल 2010 में। हम ओबेरॉय में एक आयोजन में थे, जहाँ आपने कहा कि 'अगर टाइटन मेरे लिए बिलियन डॉलर इन्वेस्टमेंट नहीं बनता तो मैं उस निवेश को माइक्रोवेव में ले जाऊँगा।' क्या आप उस लिस्ट को कुछ नामों से बढ़ाना चाहेंगे?

झुनझुनवाला : किसका, मैं नहीं जानता। हो सकता है, मैं स्टार हेल्थ की बात करूँ। मेरे दो निवेश हैं, जो अलग-अलग एक-एक बिलियन डॉलर के हैं। टाइटन 1.75 बिलियन का है, और उनमें से स्टार हेल्थ में निवेश किया गया।

सवाल : क्या इंश्योरेंस, हेल्थ इंश्योरेंस का सबसे बुरा वक्त बीत

चुका है, अगर कोविड को देखते हुए कहें तो?

झुनझुनवाला : उम्मीद तो यही करते हैं।

सवाल : यह कमाल का सेक्टर है, सर क्योंकि हेल्थ इंश्योरेंस की जरूरत बढ़ गई है, लेकिन कमाई उस लिहाज से नहीं बढ़ी है।

झुनझुनवाला : मगर क्लेम का अनुपात अगर कम नहीं होता, आपको प्रीमियम बढ़ाना होगा।

सवाल : आपको पूरा विश्वास है कि इंश्योरेंस सेक्टर इससे बाहर निकल जाएगा?

झुनझुनवाला : एक बड़ा कारण है कोविड, दूसरा अस्पताल के खर्चों में बेतहाशा बढ़ोतरी हुई है। पिछले दो साल में अस्पतालों में महँगाई दर 40 से 50 फीसदी बढ़ गई है और यह कम होनेवाली नहीं है।

एक बड़ा कारण है कोविड, दूसरा अस्पताल के खर्चों में बेतहाशा बढ़ोतरी हुई है। पिछले दो साल में अस्पतालों में महँगाई दर 40 से 50 फीसदी बढ़ गई है और यह कम होनेवाली नहीं है।

सवाल : लेकिन आपने हॉस्पिटल और हेल्थकेयर, दोनों के स्टॉक खरीदे हैं। हेल्थकेयर मतलब मैं स्टार हेल्थ की बात कर रहा हूँ। क्या दोनों साथ-साथ चल सकते हैं, क्योंकि एक के नुकसान की भरपाई दूसरे को करनी होगी।

झुनझुनवाला : नहीं ऐसा नहीं है। दोनों ही फायदे में रह सकते हैं।

सवाल : क्या फार्मा को लेकर एक निवेशक के रूप में आप कहीं-न-कहीं निराश हैं?

झुनझुनवाला : मैं निराश नहीं हूँ। मैंने सही कंपनियों को नहीं चुना। इसलिए मैं अपने फैसले से निराश हूँ। मैं किसी और पर दोष क्यों मढ़ूँ।

सवाल : किसानों के लिए समय-समय पर कुछ न कुछ गड़बड़

होता रहता है। कभी कीमतें, कभी बिजली, कभी यू.एस. एफ.डी.ए., दुनिया भर की समस्याएँ हैं। हमने दो साल पहले सोचा था कि फार्मा आई.टी. की राह पर जाएगा, लेकिन कर्व का झुकाव काफी अलग रहा है।

झुनझुनवाला : अमेरिकी फार्मा बाजार ठीक नहीं रहा है। काफी हद तक कोविड की वजह से।

सवाल : हर कोई उस जोखिम की बात कर रहा है, जो क्रिप्टो के मेल्टडाउन से सामने आ सकता है। क्या इस माहौल में इस जोखिम का परिसंपत्तियों वाले वर्ग पर असर पड़ सकता है?

झुनझुनवाला : पड़ सकता है। लेकिन इक्विटी में निवेश करनेवाला वर्ग और क्रिप्टो में निवेश करनेवाला वर्ग पूरी तरह से अलग है। मैं समझता हूँ, एक दिन क्रिप्टो धराशाई हो जाएगा। फिर वे कहाँ निवेश करेंगे?

लेकिन इक्विटी में निवेश करनेवाला वर्ग और क्रिप्टो में निवेश करनेवाला वर्ग पूरी तरह से अलग है। मैं समझता हूँ, एक दिन क्रिप्टो धराशाई हो जाएगा। फिर वे कहाँ निवेश करेंगे?

सवाल : लेकिन आपको क्रिप्टो मेल्टडाउन का अन्य परिसंपत्तियों पर असर होता नहीं दिखता? यह इतना बड़ा नहीं कि उलटा पड़ जाए?

झुनझुनवाला : नहीं, आम तौर पर इसका प्रभाव नहीं होगा।

सवाल : राकेश झुनझुनवाला बहुत जल्द फैसले लेते हैं। हमारे कुछ कॉमन फ्रेंड कहते हैं कि आप कई मिलियन का निवेश करने में 10 मिनट में फैसला कर लेते हैं। आप घंटे नहीं लगाते, मिनटों में कर लेते हैं। यह कैसे कारगर होता है?

झुनझुनवाला : आपको महत्त्वपूर्ण बिंदुओं को समझना होता है। आपको बता दूँ कि मैं एनालिसिस पैरालिसिस का शिकार होना नहीं

चाहता। आप ऐसे भविष्य में निवेश कर रहे हैं, जो अनिश्चित है। एक हद से ज्यादा आप इसका अनुमान नहीं लगा सकते।

सवाल : हमारे कुछ कॉमन फ्रेंड बताते हैं कि राकेश झुनझुनवाला ने ट्रेडिंग कम करने का फैसला किया है। क्या ये बातें सही हैं?

झुनझुनवाला : क्या?

सवाल : ये कि राकेश झुनझुनवाला अब उतनी आक्रामकता के साथ ट्रेड नहीं करना चाहते, जितनी पहले किया करते थे?

झुनझुनवाला : ऐसा तो मैं पिछले 25 साल से महसूस कर रहा हूँ कि क्या करूँ, छोड़ दूँ ट्रेडिंग, मगर वह छुट्टी अभी नहीं है।

> ***ऐसा तो मैं पिछले 25 साल से महसूस कर रहा हूँ कि क्या करूँ, छोड़ दूँ ट्रेडिंग, मगर वह छुट्टी अभी नहीं है।***

सवाल : एक बार ट्रेडर, तो हमेशा के लिए ट्रेडर! चूँकि टेक्नोलॉजी में आपने निवेश किया तो मुझे उम्मीद है, आप मेटा अवतार से परिचित होंगे, जिसके बारे में सभी बात कर रहे हैं, मेटा वर्ल्ड।

झुनझुनवाला : मैं नहीं जानता वह क्या है।

सवाल : अच्छा, ठीक है, मेटा वर्ल्ड ने एक अवतार लिया है, तो राकेश झनझुनवाला को अगर डिजिटल अवतार लेना पड़े तो आप कौन सा अवतार लेंगे?

झुनझुनवाला : इसके बारे में मुझे जानकारी नहीं है।

सवाल : चलिए, इस सवाल को अगली बार के लिए रख लेते हैं। पिछली बार जब आप मिले तो आपने कहा कि मैं नहीं जानता कि मेरी बेटी क्या करना चाहती है, मेरा सबसे बड़ा बेटा क्या करना चाहता है, लेकिन मेरा छोटा बेटा निश्चित तौर पर मार्केट में दिलचस्पी रखता है और मैं उसे सिखा रहा हूँ। आप उसे कैसे सिखा रहे हैं? उसे क्या बता रहे हैं?

झुनझुनवाला : बस थोड़ा उसकी जिज्ञासा को और बढ़ा रहा हूँ।

लेकिन सच में उसकी काफी दिलचस्पी है।

सवाल : क्या मैं इस व्यापक संदेश पर जा सकता हूँ कि अब चीजें वैसी ही हैं, जैसा आपने हमने बताया था? हम एक ऐसे भारत को देख रहे हैं, जैसा वह पहले कभी नहीं था?

झुनझुनवाला : बिल्कुल। और लोगों को इसका एहसास नहीं है। काश, प्रत्येक भारतीय ऐसा महसूस करता। लेकिन जो नास्तिक है, उसको आस्तिक मत बनाओ, समय बना देगा।

मुझे लगता है, सबसे बड़ा जोखिम भू-राजनीतिक है और प्रधानमंत्री के रूप में मिस्टर मोदी बने रहेंगे या नहीं, क्योंकि अभी हम जानते हैं कि कैसी नीतियाँ बनने जा रही हैं। अभी स्थायित्व है। कारोबार को लेकर दोस्ताना रवैया है। ये दो महत्त्वपूर्ण फैक्टर हैं।

सवाल : एक सिप (एस.आई.पी.—व्यवस्थित निवेश योजना) निवेशक के लिए अगले 2-3 साल में क्या यह संभावना और एक उम्मीद है कि डबल डिजिट रिटर्न मिलेगा?

झुनझुनवाला : वैसे तो अनुमान लगाना मुश्किल है, लेकिन रिटर्न डेडलाइन से ज्यादा होगा।

सवाल : मैंने बियर मार्केट के सवाल को आखिर के लिए रखा था। ऐसे कौन से दो-तीन फैक्टर हैं, जो आपको संतुष्ट कर देंगे कि ये बुल मार्केट मैच्योर हो रहा है या यह बुल मार्केट उस हिसाब से आगे नहीं बढ़ा, जैसा आपने सोचा था। कौन से ऐसे फैक्टर हैं, जिन पर आप गौर करेंगे?

झुनझुनवाला : मुझे लगता है, सबसे बड़ा जोखिम भू-राजनीतिक है और प्रधानमंत्री के रूप में मिस्टर मोदी बने रहेंगे या नहीं, क्योंकि अभी हम जानते हैं कि कैसी नीतियाँ बनने जा रही हैं। अभी स्थायित्व है। कारोबार को लेकर दोस्ताना रवैया है। ये दो महत्त्वपूर्ण फैक्टर हैं।

सवाल : अब मैं एक छोटा सा सवाल और करने के लिए

लालायित हूँ और वह यह कि आम लोगों के बीच यह चर्चा है कि हमने अच्छा 2021 देखा, सूचकांक में डबल डिजिट रिटर्न मिला, छोटे और मिड कैप सूचकांकों के लिए 40–50 प्रतिशत रहा। क्या आपको लगता है, यह साल कम रिटर्नवाला फ्लैट ईयर होगा?

झुनझुनवाला : नहीं, मुझे नहीं लगता। मैं समझता हूँ कि हम इसमें भी मुनाफा कमाएँगे।

सवाल : यह तो हेडलाइन है। तो आपके हिसाब से इस साल क्या होनेवाला है?

झुनझुनवाला : मैं दिशा का अनुमान लगा सकता हूँ, गहराई का नहीं।

सवाल : मात्रा? उसे लेकर आप क्या सोचते हैं?

झुनझुनवाला : मैं खुद अपने लिए अनुमान लगाना पसंद नहीं करता तो मैं आपको क्या बताऊँ।

सवाल : मैं इसका सम्मान करता हूँ।

झुनझुनवाला : मैं नहीं समझता कि यह फ्लैट ईयर होगा। यह सकारात्मक साल होगा।

सवाल : यह सकारात्मक साल होगा। हम इसी का इंतजार कर रहे हैं। मार्केट में चल रहे मौजूदा समय के बीच आपने हमारे लिए समय निकाला, हम इसकी प्रशंसा करते हैं। आपने हमें समय दिया, इसका बहुत-बहुत शुक्रिया!

झुनझुनवाला : थैंक्यू।

□

राकेश झुनझुनवाला के प्रेरक विचार

1. अवसर आएँगे और जाएँगे, पर क्या आप उन्हें पकड़ने के लिए तैयार हैं?

2. आप जानते हैं कि व्यापर हमेशा आपको अपने पैरों पर खड़ा रखता है, यह आपको सतर्क रखता है। यही कारण है कि मैं व्यापर करना चाहता हूँ।

3. आप जुनून के बिना सफल नहीं हो सकते।

4. आप जो कुछ भी कर सकते हैं या सपना देख सकते हैं, उसे शुरू करें। साहस में प्रतिभा, शक्ति और जादू होता है।

5. आपके पास निवेश करने के लिए अच्छी रकम हो सकती है, लेकिन जरूरी नहीं कि आप सारा पैसा एक बार में निवेश कर दें। लाभ कमाने की चाह अच्छी बात है, लेकिन नियम यह

कहता है कि थोड़ा-थोड़ा निवेश ही बेहतर रिटर्न की गारंटी देता है।

6. आपको कभी किसी काम में असफलता हासिल नहीं होगा, यदि आप इसे जुनून के साथ करते हैं। जुनूनी निवेशक हमेशा शेयर बाजारों में पैसा कमाते हैं।

7. उचित अनुसंधान के बिना कभी भी अपनी कड़ी मेहनत के कमाए पैसों का न करें! स्टॉक टिप्स के अनुसार कभी निवेश न करें।

8. उन कंपनियों में निवेश करें, जिनके पास मजबूत प्रबंधन और प्रतिस्पर्धी लाभ है।

9. युवा उम्र में कभी भी उन सस्ते शेयरों में निवेश न करें, जो ज्यादा रिटर्न तब देते हों, जब आपके बच्चे बड़े हो रहे होते हैं। हमेशा एक सही समय के बारे में सोचें।

10. एक कंपनी में नहीं, बल्कि एक व्यवसाय में निवेश करें।

11. एक निवेशक को हमेशा पता रहना चाहिए, कब और क्या नुकसान उठाना चाहिए।

12. किसी एक शेयर में पैसा लगाते समय अपनी निवेश राशि को हिस्सों में बाँट लें और समय-समय पर खरीदारी करें। अगर शेयर में गिरावट आती है तो खरीदारी जारी रखें, इससे आपकी खरीद का औसत घट जाएगा।

13. किसी बिजनेस में निवेश करें, न कि कंपनी में!

14. किसी शेयर में सिर्फ इसलिए पैसा नहीं लगाना चाहिए, क्योंकि दूसरे उसमें पैसा लगा रहे हैं, क्योंकि दूसरे शायद नुकसान उठाने में सक्षम होंगे, लेकिन आप नहीं।

15. गलतियों से सीखें, नुकसान उठाना सीखें!

16. छोटी अवधि में ही मुनाफा कमाने के बजाय निवेश को कई गुना बढ़ने के लिए समय देना चाहिए। बाजार में पैसे को मेच्योर होने का समय दें; थोड़ा इंतजार जरूर करना पड़ेगा, लेकिन रिटर्न निश्चित मिलेगा।

17. छोटी कैप में निवेश करें, जो बड़ी कैप्स में परिवर्तित होगी। निवेश की सबसे बड़ी चुनौती है कि आपको यह समझना चाहिए कि संगठन के पास स्केल करने की क्षमता है या नहीं।

18. जब अवसर आते हैं तो वे प्रौद्योगिकी, विपणन, ब्रांड, मूल्य सुरक्षा, पूँजी आदि के माध्यम से आ सकते हैं। आपको उनको ढूँढ़ने में सक्षम होना चाहिए।

19. जब शेयर लोकप्रिय हो तो निवेश करें।

20. जुनूनी निवेशक हमेशा शेयर बाजारों में लाभ कमाते हैं। यदि आप जुनून के साथ ऐसा करते हैं तो आप किसी भी काम में कभी असफल नहीं होंगे।

21. जो भी आप कर सकते हैं या सपना देख सकते हैं, उसे शुरू करें! साहस में प्रतिभा, शक्ति और जादू होता है।

22. तेजी में सबका बोल-बाला, मंदी में सबका मुँह काला।

23. थोड़ी देर के लिए स्टॉक में निवेश करने से कुछ लाभ हो सकता है, लेकिन लंबे समय तक निवेश करने से लाभ ज्यादा होगा।

24. दुनिया को जैसा है, वैसा ही देखें, बजाय इसके कि आप इसे क्या देखना चाहते हैं।

❖

25. दैनिक व्यापार समाचार के अनुसार कभी भी अपने निवेश के निर्णयों पर प्रतिक्रिया न करें या बदलें।

26. निवेश करते समय सबसे बड़ी बात है कि निवेशक का खुद पर भरोसा होना अति आवश्यक है।

27. नुकसान के लिए तैयारी करें। उनके शेयर बाजार के निवेशक के लिए जीवन का हिस्सा और पार्सल हैं।

28. पत्नियों और बाजारों में कुछ समानताएँ हैं, पर पत्नियों के साथ आप बहस कर सकते, लेकिन बाजारों के साथ नहीं।

29. मेच्योर होने के लिए अपने निवेश को समय दें। अपने रत्नों को खोजने के लिए दुनिया को समय दें।

30. बड़े निवेशकों द्वारा दिए गए स्टॉक टिप्स का बिना सोचे-समझे अनुसरण करना कोई बुद्धिमानी की बात नहीं है।

31. खुले मन से और जानें कि क्या हिस्सेदारी है। यह भी जानें कि जोखिम कब लेनी है। इसके लिए जिम्मेदार होना है।

32. बाजार महिलाओं की तरह है—हमेशा कमांडिंग, रहस्यमय, अप्रत्याशित और अस्थिर।

33. बाजार में आपको एक गिरगिट की तरह होना चाहिए, हमेशा अपने रंग बदलना और प्रवृत्ति के साथ जाना होगा। यदि आप इसके खिलाफ जाने का प्रयास करते हैं तो आप खो जाते हैं।

34. बाजार व्यक्तियों से ऊपर है। बाजार तर्कसंगत है। एक व्यक्ति कभी बाजार से ज्यादा चालाक नहीं हो सकता।

35. बिना जाँचे-परखे अपनी मेहनत की कमाई को कभी भी स्टॉक में न डालें और कभी भी तरह-तरह के फालतू स्टॉक टिप्स के अनुसार निवेश न करें।

36. मुनाफे को बढ़ाएँ और नुकसान को कम करें।

37. मैं केवल गलतियाँ करता हूँ, जिसे मै बरदाश्त कर सकता हूँ, क्योंकि मैं वहाँ से फिर से शुरू करने के लिए उठा सकता हूँ।

38. मैं शुरुआत में ब्रोकर बनना चाहता था, लेकिन मेरे पास ब्रोकर बनने के लिए पूँजी नहीं थी, इसलिए मैंने निवेश करना शुरू कर दिया।

39. मैं उतनी ही बड़ी जोखिम उठाने के लिए तैयार रहता हूँ, जिसे मैं बरदाश्त कर सकूँ और फिर से शुरू करने के लिए उठ सकूँ।

40. मैंने इस्तरी और पत्नियों के बारे में दो चीजें सीखी हैं, जब वे कुछ कहते हैं—प्रतिक्रिया मत करो।

41. यदि आप एक अवसर देखते हैं तो उसे तुरंत पकड़ लें।

42. यदि आपको किसी बात में संदेह है तो अपने मन की सुनें।

43. यदि संदेह है तो अपने मन की सुनें।

44. या तो आप बाजार में न जाएँ या आपने जो किया है, उस पर पश्चात्ताप न करें।

45. युद्ध जीतने के लिए आपको कई लड़ाइयाँ हारनी होंगी।

46. यह सच है कि बाजार व्यक्तियों से ऊपर है। बाजार तर्कसंगत है। एक व्यक्ति भी कभी बाजार से ज्यादा चालाक नहीं हो सकता।

47. राकेश झुनझुनवाला कहते हैं कि कंपनी के शेयर की कीमत यह तय नहीं करती कि आपको उसमें निवेश करना चाहिए या नहीं, बल्कि कंपनी की वैल्यू ज्यादा महत्त्व रखती है।

48. संघर्ष की भावना पैदा करें तथा बुरे को अच्छे के साथ लें।

49. लालची निवेशक शेयर बाजारों में कभी पैसा नहीं कमा सकते।

50. वास्तव में जब स्टॉक लोकप्रिय नहीं होता है तो मैं निवेश करना पसंद करता हूँ।

51. विकास अराजकता से आता है।

52. शेयर मार्केट में निवेश बैंकों की तरह हमेशा सुरक्षित नहीं होता। यहाँ बड़ा रिटर्न है तो रिस्क भी है। इसलिए जरूरी है कि आप कंपनी की पूरी जानकारी लेने के बाद ही पैसा लगाएँ।

53. शेयर मार्केट में यह देखना होता है कि उन कंपनियों पर कितना कर्ज है, अगर कर्ज कम है तो उन पर कैश का दबाव नहीं होगा; लेकिन अगर कर्ज ज्यादा है तो कंपनी की वैल्यूएशन में कभी भी उतार-चढ़ाव आ सकता है।

54. सफल निवेशक अवसरवादी और आशावादी होते हैं।

55. समय के साथ सबकुछ बदलता और गुजरता है, इसलिए अतिरिक्त खोजें।

56. उचित समय पर भारतीय इक्विटी के परिसंपत्ति वर्ग में अंधाधुंध निवेश करने का मेरा निर्णय मेरी सफलता का एक बहुत ही महत्त्वपूर्ण निर्धारक था।

57. स्टॉक की सबसे अच्छी बात यह है कि इसे सस्ता होना चाहिए—प्रवेश बिंदु।

❖

58. हमेशा इस बात पर ध्यान दें कि क्या हिस्सेदारी है और जोखिम कब लेना है।

59. हमेशा ज्वार के विपरीत जाएँ। जब दूसरे बेच रहे हों, तब खरीदें और जब दूसरे खरीद रहे हों, तब बेचें।

60. हाथ में कुछ नकद रखें, ताकि जब भी आपको अवसर मिले, उसे भुना सकें।

□

साभार-संदर्भ

पुस्तक लेखन हेतु विभिन्न सूचना-स्रोतों तथा व्यक्तिगत संपर्क के अतिरिक्त निम्नलिखित सूचना-स्रोतों द्वारा सहयोग लिया गया है, जिसके लिए लेखक द्वारा हार्दिक आभार।

1. https://economictimes.indiatimes.com/defaultinterstitial.cms
2. https://www.businesstoday.in/magazine/interview/story/rakesh-jhunjhunwala-on-his-investment-mantra
3. https://www.cnbctv18.com/tags/rakesh-jhunjhunwala-interview.htm
4. https://www.indiatoday.in/business/story/india-today-conclave-2021-risk-essence-life-rakesh-jhunjhunwala-reversal-bullish-trend-markets
5. https://www.indiatoday.in/india/video/rakesh-jhunjhunwala-on market-trends-investment-opportunities
6. https://www.moneycontrol.com/news/business/markets/key-highlights-from-rakesh-jhunjhunwala-interview-from-value-unlocking-in-pe-to-banking-bets
7. Syska LED में निवेश रेयर एंटरप्राइजेज ETRetail.com। 'द इकोनॉमिक टाइम्स', 31 अगस्त, 2021
8. आई.आई.एम.यू.एन., सलाहकार मंडल। new.iimun.in। 17 जुलाई, 2021
9. कैसे पैरोडी ब्लॉगर आदित्य मगल ने राकेश झुनझुनवाला को प्रभावित

किया—'द इकोनॉमिक टाइम्स'। द इकोनॉमिक टाइम्स', 30 सितंबर, 2020

10. राकेश झुनझुनवाला, मुंबई में अपना 13 मंजिला घर। मनीकंट्रोल, 22 मार्च, 2022
11. राकेश झुनझुनवाला : 5,000 रुपए का निवेश अब 34,000 करोड़ रुपए; 'बियर' से 'बिग बुल' तक का सफर। 'वित्तीय एक्सप्रेस'। 3 जुलाई, 2021
12. मार्क फिडेलमैन : सोशलाइज्ड एंड मोबिलाइज्ड—'फोर्ब्स।' 17 नवंबर, 2012
13. राकेश झुनझुनवाला कौन हैं? राकेश झुनझुनवाला की कुल संपत्ति, भारत में सबसे बड़ा निवेशक कौन है? 'बिजनेस स्टैंडर्ड', 6 जुलाई, 2020
14. राकेश झुनझुनवाला ने जून 2021 के तिमाही में टाइटन कंपनी में हिस्सेदारी घटाई। मनीकंट्रोल। 15 जुलाई, 2021। 9 सितंबर, 2021
15. राकेश झुनझुनवाला? 'बिजनेस स्टैंडर्ड इंडिया'। 7 मार्च, 2022
16. राकेश झुनझुनवाला, 'फोर्ब्स', 5 जून, 2021
17. राकेश झुनझुनवाला, 'फोर्ब्स', 7 जुलाई, 2021
18. विकिमीडिया कॉमन्स, राकेश झुनझुनवाला
19. शाह, वृतिका (8 जून, 2020)। ये हैं भारत के 5 सबसे अमीर शेयर बाजार निवेशक और इनकी कुल संपत्ति। 'जीक्यू इंडिया' 23 मई, 2021
20. शेयर बाजार विशेषज्ञ राकेश झुनझुनवाला के बारे में पाँच ज्ञात तथ्य। 'इंडिया टुडे' 5 जुलाई, 2021
21. सरकार, कनिष्क (4 अगस्त, 2021)। राकेश झुनझुनवाला की अकासा एयर को उड्डयन मंत्रालय से मिली एन.ओ.सी., 2021 के अंत तक उड़ान भरने का लक्ष्य www.cnbctv18.com। 'सी. एन.बी.सी. टी.वी.-18', 14 सितंबर, 2021
22. सेबी (SEBI) ने राकेश झुनझुनवाला, एप्टेक इनसाइडर ट्रेडिंग मामले में पारिवारिक नोटिस भेजा। रिपोर्ट—मनी कंट्रोल।

□□□